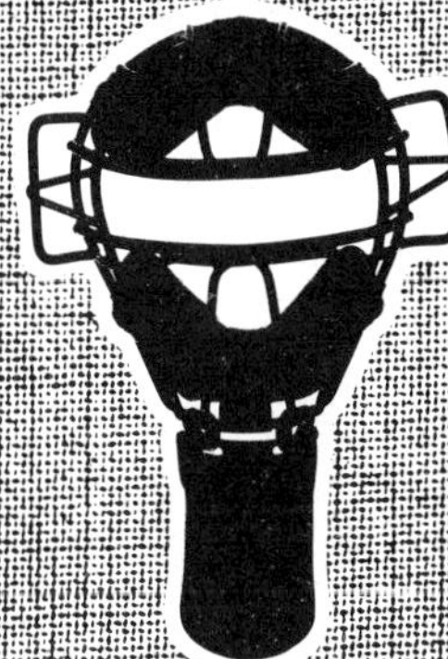

BASEBALL

. . . vom Hit zum Homerun

von

Klaus Fritsche

und

Marcus Rosenstein

mit

82 Abbildungen

1. Auflage

1991

VERLAG WEINMANN — BERLIN

Die Deutsche Bibliothek — CIP-Einheitsaufnahme

Fritsche, Klaus:
Baseball : ... vom Hit zum Homerun / von
Klaus Fritsche und Marcus Rosenstein. —
1. Aufl. — Berlin : Weinmann, 1991
ISBN 3-87892-057-1
NE: Rosenstein, Marcus

Repro: Gepro GmbH
Satz und Druck: Hildebrand

INHALTSVERZEICHNIS

Vorwort

Das vorliegende Buch soll nicht nur dem interessierten Laien als literarische Einführung in den Baseballsport dienen, sondern gleichzeitig die Funktion eines praktischen Nachschlagewerkes für den aktiven Sportler erfüllen.
Da es aufgrund der Komplexität sowie der fast unüberschaubaren Breite regelbezogener Interpretation und spieltechnischer Varianten geradezu unmöglich ist, ein alle Bereiche des Baseballsports lückenlos erfassendes Werk zu erstellen, erhebt "Baseball ... vom Hit zum Homerun" nicht den Anspruch auf Vollständigkeit. In Anbetracht der beinahe grenzenlosen Palette taktischer und technischer Feinheiten, die jeder Trainer auf ureigene Weise interpretieren und vermitteln kann, sind Vorschläge des Autors in Bezug auf Spielgestaltung und Training auch nur als solche zu verstehen. In diesen spiegelt sich jedoch eine zwanzigjährige Erfahrung als Trainer, Manager und Schiedsrichter auf nationaler und internationaler Ebene wieder.
Möge dieses Buch dazu beitragen, daß die olympische Sportart **Baseball** auch hierzulande viele neue Anhänger hinzugewinnt und „alten Hasen" die eine oder andere Information im Wettkampf gewinnbringend zugute kommt.

Köln/Bonn im Mai 1991

Abb. 1 Kricket im 19. Jahrhundert

I. Die Geschichte des Baseballs

1. Ursprungstheorien

Wie jede andere Sportart, hat auch das Baseballspiel seine ureigene Geschichte, deren Beginn jedoch keineswegs auf einen eindeutig festzulegenden Stichtag datiert werden kann, und deren Ursprungsort ebensowenig auf einen bestimmten Punkt auf unserem Erdball zu fixieren ist. Zu vielfältig und verschieden sind die Theorien über den Ursprung dieser Sportart, um auch nur einen dieser sporthistorischen Interpretationsversuche als erschöpfend und unanfechtbar bezeichnen zu können. Diesem Anspruch auf Vollkommenheit wollen und können auch die Autoren dieses Buches nicht gerecht werden, doch geben die zahlreichen Meilensteine in der Geschichte des Baseballs viele Anhaltspunkte, um die Theorien über die Herkunft des Spiels auf ein erträgliches Maß zu beschränken und dem Leser zu helfen, den langjährigen Entwicklungsprozeß unter Einbeziehung der wichtigsten Daten und Fakten einordnen zu können.
Bei der Ausarbeitung dieses Kapitels wurde streng darauf geachtet, daß nur die Informationen verwendet wurden, die zur Abrundung eines kompakten Überblicks erforderlich sind.

2. Von den Inkas bis zum 19. Jahrhundert

Es gilt als historisch belegt, daß bereits Chinesen und Inkas vor vielen Jahrhunderten Spiele entwickelten, bei denen ein Ball nicht etwa mit Füßen und Händen, sondern mit einem Hilfsmittel in Form eines keulenförmigen Schlägers vorangetrieben wurde. Obwohl in diesen Urformen des Schlagballspiels aufgrund der Verwendung von Keule und Ball zweifellos die Grundidee des Einsatzes einer zuvor unbekannten Kombination von Sportgeräten deutlich wird, wäre es überstürzt, bereits hierin klare Parallelen zum Baseballsport erkennen zu wollen. Zu unterschiedlich waren Grundgedanke und Regelwerk dieser längst ausgestorbenen Spiele.

3. Rounders, Cricket und andere „Vorreiter" des Baseballspiels

Als die eigentlichen Vorreiter des Baseballs sind wohl europäische „Importe" wie Rounders und Cricket (aus Großbritannien), sowie Schlagball bzw. Kaiserball (aus Deutschland) zu akzeptieren, deren Grundlagen sich in dem zu Beginn des 19. Jahrhunderts in den Vereinigten Staaten von Amerika aufgekommenen Townballspiel manifestierten. Englischen Ursprungs ist ein Spiel, das bereits gegen Ende des 18. Jahrhunderts hauptsächlich von Collegeschülern betrieben wurde. Schlagholz und Ball dienten dabei als wichtigste Ausrüstungsgegenstände. Die Regeln variierten, und die Zahl der Aktiven war nicht festgelegt. "One old cat" (dt. = eine alte Katze) lautete die Bezeichnung dieses Spiels, bei dem nur ein Grundmal (base) und drei Spieler, der "Pitcher", der den Ball wirft, der "Batter", der den ihm zugeworfenen Ball schlägt, sowie der "Catcher", der Fänger, erforderlich waren. Mit zunehmender Teilnehmerzahl und mehreren Bases erhielt das Spiel entsprechend die Namen "Two old cats", "Three old cats" usw.

Aus diesen Spielvarianten entwickelte sich mit nahezu fließendem Übergang "Rounders" (dt. = Rundball), das noch heute als Trainingsspiel für Cricket und Baseball gleichermaßen Verwendung findet. Diese Sportart, die deutliche Bezugspunkte zum deutschen Schlagball aufweist, wird auf einem fünfeckigen Spielfeld ausgetragen, dessen einzelne Seiten je nach Größe des zur Verfügung stehenden Raumes, 15 bis 20 Meter voneinander entfernt liegen sollten. In der Mitte dieses Fünfecks befindet sich das Wurfmal (der Standort des Werfers) und in der gegenüberliegenden Ecke das Schlagmal. Die übrigen Eckpunkte dienen als quadratisch angelegte Standmale. An Rounders nehmen je Mannschaft fünf bis fünfzehn Spieler teil.

Der Pitcher der angreifenden Partei wirft den Ball zwischen Knie und Schulterhöhe des Batters über das Schlagmal zu dem dahinter postierten Catcher. Dem Batter stehen maximal drei Schläge zur Verfügung, wobei ihm nach einem gelungenen Schlag die Aufgabe zukommt, mindestens eines der nächsten Standmale zu erreichen. Bei drei Fehlversuchen scheidet er aus; ebenso, wenn der von ihm geschlagene Ball von einem Gegner abgefangen wird, bevor er ein Mal erreichen konnte. Sobald der Batter jedoch eines der Male erreicht hat, kann er "three hits for a rounder" (dt. = drei Schläge für einen Rundlauf) verlangen. Gelingt ihm dies, so behält sein Team das Angriffsrecht. Versagt er jedoch, kommt der Batter der gegnerischen Mannschaft zum Zuge.

Auch diese vereinfachte Form des Baseballspiels wird nach erfolgreichen "Runs" bewertet und läßt keinen Zweifel an der Verwandtschaft mit unserem Sport aufkommen.

Einen noch älteren Ursprung lassen die Wurzeln des Cricketsports vermuten, dessen Entstehung höchstwahrscheinlich auf ein im 15. Jahrhundert im Südosten Englands entstandenes Hirtenspiel namens „Soule à la crosse" zurückzuführen ist.
Wenngleich bei dieser Sportart Tore (hier: wickets) zur Erzielung einer Punktwertung erforderlich sind, ist das Duell zwischen Schlagmann (Batsman) und Werfer (beim Cricket: Bowler) Grundlage der Spielidee. Cricketmatches zwischen verschiedenen englischen Städtemannschaften sind bereits um 1720 urkundlich belegt! Weitere Parallelen ergeben sich aus dem zwischen den Mannschaften wechselnden Angriffsrecht, der Unterteilung des Spiels in "Innings", sowie dem Ziel, möglichst viele Schlagmänner auszuschalten. Trotz dieser Hinweise auf eine Verwandtschaft mit dem Baseballsport, gibt es aber sonst nur wenige Gemeinsamkeiten, weshalb sich eine nähere Beschäftigung mit dem Cricketspiel an dieser Stelle erübrigt.
Bei der Suche nach weiteren artverwandten Spielen erweist sich Schlagball, auch Kaiserball genannt, als zusätzliche wertvolle Informationsquelle. Die Tatsache, daß dieses Spiel bereits im Mittelalter zahlreiche Anhänger hatte, sowie Hinweise auf diesbezügliche Aktivitäten altnordischer Volksstämme, belegen die lange Tradition einer Sportart, die sich (im 19. Jahrhundert in Regeln gefaßt) noch in den vierziger Jahren unseres Jahrhunderts im Sportunterricht an deutschen Schulen großer Beliebtheit erfreute.
Trotz zahlreicher Abweichungen vom Regelwerk des modernen Baseballs weist Schlagball viele Parallelen auf, die auf seine wahrscheinliche Vorreiterrolle hinweisen. Auch beim Schlagball steht das Aussschalten des Schlägers im Vordergrund, der nach erfolgreichem Schlagen des Balles zum Läufer wird, um dann einen bestimmten Malpunkt möglichst ungehindert zu erreichen. Wie bereits bei den zuvor erwähnten Spielen wechseln auch beim Schlagballspiel die Angriffs- bzw. Verteidigerrollen nach erfolgreicher Neutralisierung des Schlägers beziehungsweise des Läufers.
Nach dieser kurzen Einführung in die Spiele "One old cat", "Rounders", "Cricket" und "Schlagball" läßt sich abschließend feststellen, daß die Entwicklung des Baseballsports mit an Sicherheit grenzender Wahrscheinlichkeit multilinearer Natur ist.
Diese These wird auch durch Zeichnungen und Spielbeschreibungen in zahlreichen Schriften des 18. und 19. Jahrhunderts gestützt. Deutliche Parallelen in der Terminologie der verschiedenen Spiele verstärken den Eindruck enger Verwandtschaft.
Als einer der bekanntesten Sporthistoriker, der sich um die Erforschung des Baseballspiels verdient gemacht hat, gilt der Amerikaner Robert W. Henderson, der sich intensiv mit den verschiedenen Varianten der sogenannten "bat and ball games" (dt.: Schläger - und Ballspiele) beschäftigt hat.

4. Baseball als Inbegriff des amerikanischen Patriotismus

Allen zuvor erwähnten historischen Fakten zum Trotz gab es allerdings auch immer wieder Versuche, das Baseballspiel als „uramerikanische'' Erfindung zu glorifizieren.
Als ''Doubleday-Legend'' erregte eine Geschichte Aufsehen, nach der ein späterer Held des amerikanischen Bürgerkriegs namens Abner Doubleday das Spiel im Jahre 1839 in Cooperstown (NY) sozusagen aus dem Stehgreif heraus erfunden haben soll. Obwohl diese Version wissenschaftlich leicht zu widerlegen war, fand sie dennoch zahlreiche Anhänger.
Der Sportartikelmillionär Albert G. Spalding, gründete sogar einen Untersuchungsausschuß, der die Doubleday-Legende offiziell erforschen und salonfähig machen sollte. Tatsächlich wurde der abschließende Bericht (der alles andere als überzeugend war) von der Kommission am 30.12.1907 feierlich unterzeichnet.
Spaldings patriotische oder chauvinistische Gesinnung war für diese später viel belächelte Aktion ausschlaggebend. In seinem 1900 erschienenen Buch ''Spalding's Official Baseball Guide'' wurde sein beinahe schon fanatisches Bemühen, die Idee vom „uramerikanischen'' Sport, ungeachtet aller historischen Erkenntnisse, durchsetzen zu wollen, besonders deutlich.
In seinem Werk bezeichnete er Baseball als ''...the game as no other form of sport ... is the exponent of American Courage, Confidence, Combativeness, American Dash, Discipline, Determination, American Energy, Eagerness, Enthusiasm ...''

5. Vom Massachusetts Game zur Knickerbocker-Ära

An dieser Stelle wollen wir die Welt der Legende wieder verlassen, um zur wahren Geschichte des Spiels zurückzukehren. Entgegen den Theorien Spaldings hatten sich bereits zu Beginn des 19. Jahrhunderts Elemente der zuvor erwähnten Spiele zu einer Sportart zusammengefügt, die unter dem Namen ''Town ball'', insbesondere an der Ostküste der Vereinigten Staaten bekannt geworden war. Town ball, aufgrund seiner regionalen Herkunft auch als ''Massachusetts Game'' bekannt, ist die direkte Vorstufe des Baseballspiels, das sich hieraus mit fließendem Übergang entwickelte.
Die Spielfläche bestand aus einem quadratischen Feld mit "bases'' an allen Eckpunkten. Jede Seite maß 60 Fuß, wobei sich der Batter zwischem dem

ersten und vierten Base aufhielt. Der Pitcher nahm seine Position im Zentrum des Quadrats ein. Seine Aufgabe bestand im Ausschalten des Batters. Die Mannschaften bestanden in der Regel aus jeweils 10 bis 20 Spielern.
Eine erste grundlegende Veränderung der alten Regeln ergab sich 1845 durch die Umgestaltung der Spielfeldform. Das "diamond-shaped" (dt.: diamantförmige) Infield wurde zur Norm, und das Spiel, dessen überarbeitetes Regelwerk auf Alexander Cartwright zurückgeführt wird, erhielt die Bezeichnng "New York Game". Als erstes offizielles Baseballmatch ging die Begegnung zwischen den Knickerbockers und den New York Nine in die Sportgeschichte ein. Sie wurde am 19. Juni 1846 in einer Kleinstadt in New Jersey ausgetragen.
Nach und nach veränderte sich auch die ursprüngliche flache Form des Schlägers zu dem noch heute verwendeten Rundholz. Der Ball, der zuerst aus einem gepreßten, zusammengewickelten Seil und später aus Hartgummi bestand, entwickelte sich allmählich zu dem modernen Sportgerät unserer Tage.
Daß sich Ballspiele überhaupt verbreiten konnten, lag damals nicht zuletzt an einer drastischen Änderung antiquierter Moralvorstellungen. Noch 1787 hatte das Direktorium des Princeton Colleges seinen Schülern jegliche Ausübung von Ballspielen unter Androhung drakonischer Strafen untersagt, da diese dem Studium nicht förderlich wären, und selbst im Jahr 1816 verhinderten Verbote zahlreicher Gemeinden das Spiel mit dem Ball. Nach der Aufhebung solch sinnloser Beschränkungen entwickelten sich Spiele, wie Rounders und Town ball zuerst nur in ländlichen Regionen, wo das Freizeitangebot viel begrenzter war als in der Stadt. Dorthin gelangten all diese Spiele dann durch den Einfluß der zunehmenden Industrialisierung, die den Menschen angenehmere Lebensbedingungen, kürzere Arbeitszeiten und somit mehr Freizeit bescherte. Das größere Angebot an Freizeit ermöglichte wiederum eine konzentriertere Beschäftigung mit dem Sport, und so wurden neue Ideen dankbar aufgenommen.

6. Die „Freizeitrevolution" und ihre Folgen

Da man sich nun mehr um eine Verfeinerung bestehender Regeln kümmern konnte, entstand das moderne Baseballspiel nach und nach als eine Art „verwissenschaftlichtes Rounders".
Soziologen und Sporthistoriker sprechen bei dieser Entwicklung von einer „leisure revolution", also von einer „Freizeitrevolution", die dem Sport in vielen Disziplinen Tür und Tor öffnete.
Daß sich Baseball nach und nach von ländlichen Gebieten in die Stadt verlagerte, führt Bruce Catton in seinem Werk "The Great American Game" darauf zurück, daß das Spiel bei vielen ein Gefühl „ländlicher Nostalgie" hervorrief.

Dennoch ist es ein Fehlschluß anzunehmen, daß die Mitglieder der ersten organisierten Vereine in der Mehrzahl ehemalige Landbewohner und Arbeiter waren. Vielmehr orientierte man sich an dem Vorbild englischer Cricketclubs, die sich hauptsächlich aus Aristokraten und anderen Vertretern der gesellschaftlichen Oberschicht zusammensetzten.

Als Vorreiter des organisierten Vereinslebens gelten die New York Knickerbockers, deren primäres Ziel in der Schaffung einer "gentlemanly Sportsmanship" bestand. Sport als Weltanschauung sozusagen, bei der die Pflege gesellschaftlicher Kontakte über dem sportlichen Erfolg stand. Ein akademischer Grad oder gar ein Adelstitel waren dabei in der Regel wichtiger als Kampfgeist, Kondition und Talent. Snobismus prägte das Ambiente dieses Vereins, der anfangs jedoch zahlreiche Anhänger hatte. Doch schon bald fanden sich Gegner der Knickerbockers, denen der Ruf anhaftete, sich als Baseball-Diktatoren und Regelgötter profilieren zu wollen. 1859 gründete eine Interessengemeinschaft mit der "National Association of Base Ball Players" einen ersten Verband, dem sich bereits ein Jahr später mehr als 60 Vereine angeschlossen hatten. Die Knickerbockers wurden in ihre Schranken verwiesen und verloren mehr und mehr an Einfluß.

Der „Gentlemantismus" hingegen konnte sich noch eine ganze Weile behaupten. Profitdenken war (noch) verpönt und führte sogar dazu, daß die Spieler nicht einmal die Vergütung angefallener Reisespesen zu Auswärtsspielen akzeptierten.

Der Bürgerkrieg, ansonsten ein Schandfleck in der Geschichte des Landes, bewirkte für den Baseballsport allerdings Positives. Soldaten vertrieben sich die Langeweile mit Spielen, in die sogar die Gefangenen einbezogen wurden. So verbreitete sich Baseball im ganzen Land. Nach dem Ende des Krieges fand es auch immer mehr Anhänger in Kreisen der Arbeiterklasse. Nach und nach verlor der Sport sein „Gentleman-Image", wodurch Raum für wirkliches sportliches Können geschaffen wurde.

Schon in den fünfziger Jahren des letzten Jahrhunderts entdeckten immer mehr Amerikaner, daß Baseball auch für den Zuschauer ausgesprochen interessant sein konnte, und so entwickelte sich bereits 1859 in dem Wochenmagazin "Harper's Weekly" eine lebhafte Diskussion, ob Baseball den Ehrentitel "The National Game" verdiente.

Nur drei Jahre später registrierte man bei einem Match zweier Militärmannschaften eine Zuschauerkulisse von 40.000 begeisterten Fans; es soll das bestbesuchte Spiel des 19. Jahrhunderts gewesen sein.

7. Der Weg zum Professionalismus

Mit der Einführung von Eintrittsgeldern war Baseball seinen Kinderschuhen endgültig entwachsen. Dieser Professionalismus fand fruchtbaren Boden; Geld kam ins Spiel. Dies hatten zahlreiche Besucher allerdings schon Jahre zuvor erkannt.
"Betting", das Wetten auf den Ausgang einer Begegnung, verbreitete sich wie eine Seuche. Es brachte den Sport in argen Verruf und ließ den Gesetzgeber aktiv werden. Und dennoch: Baseball hatte sich etabliert und war längst zum liebsten Kind der Amerikaner geworden. Maßgeblichen Anteil an dieser Entwicklung hatte selbstverständlich auch die Vereinheitlichung des Regelwerks, das sich gegen Ende der fünfziger Jahre in allen Landesteilen durchzusetzen vermochte. 1857 beschloß man die Einführung des 9-Innings-Game. 1863 wurden die Pitcher's Box sowie die Home-Plate einheitlich durch Metallplatten markiert. Fair flies mußten vor Berührung des Bodens gefangen werden, und Strafen für Spielverzögerungen wurden zur Selbstverständlichkeit. Mußten die Pitcher den Ball auf Verlangen des Batters noch jahrelang entweder hoch oder tief werfen, entfiel endlich auch diese, den Spielfluß hemmende Regel der Pionierzeit. Die Technik wurde zum ausschlaggebenden Faktor.
Nachdem sich die Erhebung von Eintrittsgeldern durchgesetzt hatte, sahen sich immer mehr Vereine durch die hieraus resultierenden Einnahmen in der Lage, einzelne Spieler für besondere Leistungen zu entlohnen. Bargeldzahlungen blieben allerdings noch lange Zeit tabu. Arbeitsverträge, politische Ämter und goldene Uhren dienten zumeist als Honorar.
Als einen der ersten regelmäßig „belohnten" Spieler erwähnt der Sportjournalist Henry Chadwick (der aufgrund seiner Verdienste für das Baseballspiel den Ehrentitel "father of the game" erhielt), Jim Creighton, der 1860 für die Brooklyn Excelsiors spielte. Nach seinem plötzlichen Tod, nur wenige Jahre später, errichtete man ihm sogar ein Baseballdenkmal an seiner Grabstätte.
Doch aller Idealismus half nur wenig. Nach und nach kassierten einzelne Spieler dann doch harte Dollars anstelle von Naturalien und goldenen Uhren. Al Reach, Infielder der Philadelphia Athletics, wurde 1862 erster Vollprofi in der Geschichte des amerikanischen Sports. Der Verband, der die Entwicklung zum Berufsspielertum überhaupt nicht gerne sah, war machtlos.
1863 erfolgte eine Trennung zwischen Amateuren und bezahlten Spielern. Der nächste Schritt bestand in der Zahlung von leistungsunabhängigen, vertraglich festgesetzten Wochengehältern an einzelne Spieler. Als erstes Vollprofiteam gelten die Cincinnati Red Stockings, deren Vorstand 1869 die gesamte Mannschaft unter Vertrag nahm und sogar den Manager mit $ 1.200 entlohnte. Während harte Dollars also mehr und mehr in den Mittelpunkt des Gesche-

hens rückten, mußten die Verantwortlichen selbstverständlich dafür sorgen, daß dem Zuschauer attraktiver und guter Sport geboten wurde. Was damals allerdings den vielversprechenden Namen Meisterschaft trug, kann im Nachhinein allenfalls als organisatorische Komödie bezeichnet werden: Ein Spiel kam nämlich grundsätzlich nur durch eine schriftliche Einladung der gastgebenden Mannschaft zustande. Eingeladen wurde aber nur, wer dem Gastgeber genehm war. Nicht selten wurden solche Einladungen postwendend abgelehnt, wenn einem die Nase des Anderen nicht gefiel.
Diese seltsamen Rituale führten sogar dazu, daß mehr als zehn Jahre lang kein Spiel zwischen den Brooklyn Exselsiors und den Brooklyn Atlantics stattfand, weil sich Excelsior-Spieler irgendwann einmal durch verbale Angriffe von Atlantics-Anhängern beleidigt gefühlt hatten. So verwundert es kaum, daß selbst noch im Jahr 1868 kein geregelter Spielbetrieb möglich war. Obwohl ein goldener Ball als Meisterschaftstrophäe ausgesetzt worden war, sahen sich die beiden Erstplazierten am Ende der Saison nicht in der Lage, in einem Finale gegeneinander anzutreten.
Den Cincinnati Red Stockings gelang es dennoch, neue Maßstäbe im sportlichen Bereich zu setzen. Mit der unglaublichen Serie von 56 Siegen und nur einem Unentschieden gerieten die Neuprofis in alle Schlagzeilen.
Doch mit dem Ende der Erfolgsserie sowie den immer höheren Gehaltsforderungen der Spieler kam, was kommen mußte: Die „Rotstrümpfe" verschwanden ebenso schnell wieder von der Bildfläche, wie sie zuvor aufgetaucht waren. Und dennoch: In ihrer relativ kurzen Schaffenszeit hatte die Mannschaft geradezu Revolutionäres geleistet. Sie hatte dem Professionalismus im Sport den Weg geebnet und mit ihrem Wirken in der Baseballszene des 19. Jahrhunderts gleichzeitig eine neue Ära für zahlreiche andere Sportarten eingeläutet.
Bereits 1871 erfolgte die Gründung der "National Association of Professional Baseball Players" mit James N. Kerns von den Philadelphia Athletics als erstem Präsidenten. Mit neun Mannschaften startete man im gleichen Jahr in die erste offizielle Saison, aus der die Chicago White Stockings als Sieger hervorgingen.
Korruption, Spielsucht, Alkohol und interne Querelen bedrohten den Baseballsport kurze Zeit später erneut. Die National Association erwies sich als zu instabil, um mit den immer größer werdenden Problemen fertigzuwerden und zerfiel.
Am 2. Februar 1876 erfolgte die Gründung der "National League", die die besten Spieler der National Association in ihren Reihen aufnahm und unter der Leitung von A. Hulbert bis zu dessen Tod im Jahr 1882 zu einer neuen Einheit erstarkte.

8. Der Weg ins 20. Jahrhundert

1881 erschien mit der "American Association" eine neue Gegenliga, die von der National League zuerst nicht anerkannt wurde. Ein harter Kampf um die Zuschauergunst entbrannte. Abwerbekampagnen und wahnwitzige Vertragspoker führten beide Verbände an den Rande des Ruins, doch konnte ein bilaterales Abkommen im letzten Moment noch das Schlimmste verhindern. Bereits 1884 kam es zu einem ersten Aufeinandertreffen zwischen den Meistern beider Ligen — eine Kompromißlösung, die den Sachkundigen an die Endspiele der AFL- und NFL-Champions in der American Football-Szene erinnert.
Von relativ kurzer Lebensdauer waren die Bemühungen der "Union Association", die ihren Spielbetrieb nicht einmal eine Saison lang aufrechterhalten konnte.
Aufgrund undurchsichtiger Geschäfte auf dem Spielermarkt, der Auferlegung willkürlicher Geldbußen durch die Verbände, sowie anderer Ungereimtheiten entstand 1885 eine Organisation mit Namen "Brotherhood of Professional Ball Players", die die Interesssen der so arg gebeutelten Spieler vertreten sollte. Aber auch diese Institution konnte die hochgesteckten Erwartungen nicht erfüllen, was sie nur fünf Jahre später zur Aufgabe zwang.
1891 erwischte es schließlich sogar die scheinbar längst etablierte American Association, die den Kampf gegen die übermächtige National League bei immer wieder auftauchenden Differenzen aus hauptsächlich finanziellen Gründen nicht mehr führen konnte. Wie ein Moloch schluckte die National League daraufhin die besten Vereine des ehemaligen Konkurrenten und stockte die Liga auf 12 Teams auf. Doch schon bald klopfte ein anderer Verband an die Tür, um ein Stück vom großen Kuchen abzubekommen.
Hierbei handelte es sich um die "Western Association", eine vormals eher unbedeutende Liga, die inzwischen jedoch ihren Kinderschuhen entwachsen war und sich dank der ausgezeichneten Arbeit des Sportjournalisten Ben Johnson aus Cincinnati einen soliden Unterbau verschafft hatte.
Die Western Association änderte 1900 ihren Namen und hieß fortan "American League". Diese neue Gegenliga scheute den offenen Schlagabtausch mit der National League nicht länger und zwang diese zur friedlichen Koexistenz, die verständlicherweise eher duldenden Charakter hatte, als eine freundschaftliche Beziehung zu sein.

Als sich 1914 auch noch die "Federal League" in das Geschehen einmischte, schienen erneute Machtkämpfe geradezu vorprogrammiert, doch man hatte inzwischen gelernt, sich sportlich fair zu arrangieren.
Der befürchtete Eklat blieb aus.

Zu einem solchen kam es allerdings 1919 im World Series Spiel zwischen den Chicago White Sox und den Cincinnati Reds. Wie sich herausstellte, hatten einige Spieler der Sox das Spiel manipuliert. Die Grundmauern der Baseballwelt schienen zu wanken. Der Skandal war perfekt. Obwohl niemals eindeutige Beweise gegen die Angeklagten (die sich vor Gericht zu verantworten hatten) erbracht werden konnten, wurden mehrere Spieler auf Lebenszeit gesperrt.
Doch die Wogen glätteten sich wieder, und die ,,goldenen Zwanziger'' verhalfen auch dem Baseballsport zu einer ungeahnten Blütezeit.
Das sogenannte ''Golden Age of Sports'' ließ Stars und Bestleistungen wie Pilze aus dem Boden schießen. Auch das folgende Jahrzehnt trug durch bahnbrechende Innovationen entscheidend zur wachsenden Popularität des Baseballs bei.
Als Meilensteine in der nicht mehr aufzuhaltenden Entwicklung dürfen das erste Flutlichtspiel im Mai 1935 sowie die Radioberichterstattungen von Ligabegegnungen bezeichnet werden, wobei letztere dazu beitrugen, daß Baseball selbst im entlegensten Winkel der Vereinigten Staaten so bekannt wurde, wie der vielzitierte ,,bunte Hund''.
Der Ausbruch des 2. Weltkriegs bremste den rapiden Aufwärtstrend abrupt, doch schon 1946 lief der Spielbetrieb wieder auf vollen Touren. Im gleichen Jahr griff mit Jackie Robinson, der bei den Montreal Royals unter Vertrag stand, erstmals ein Farbiger in das Spielgeschehen ein. Obwohl diese Tatsache damals längst nicht überall auf Gegenliebe stieß, war die Liga fortan offen für Menschen jeder Herkunft und Hautfarbe.
Durch die Einführung von Fernsehübertragungen sowie dem immer unkomplizierter und preiswerter werdenden Flugverkehr überschlugen sich die Ereignisse zu Beginn der vierziger Jahre.
Ein Phänomen, das in den USA auch bei anderen Sportarten gang und gäbe war und unter dem Namen ''franchise shift'' bekannt ist, sorgte für zahlreiche spektakuläre Transaktionen. Vereine aus Ballungsgebieten verlagerten ihre Wirkungsstätten kurzerhand in ,,Baseballentwicklungsgebiete'', wo ihnen aufgrund der nicht vorhandenen Konkurrenz neben ausverkauften Heimspielen auch hohe Einnahmen aus Rundfunk- und Fernsehübertragungen sicher waren.
Um einen solchen Vorgang in seiner gesamten Tragweite zu erfassen, stelle man sich nur vor, der Fußballbundesligist 1. FC Köln würde fortan seine Heimspiele unter dem Namen ''Kickers Aurich'' in Ostfriesland austragen. In der Bundesrepublik wäre ein solcher Umzug wohl schlicht undenkbar.
Der Versuch mit der Einführung der ''Continental League'' erneut mit den Etablierten in Konkurrenz zu treten, scheiterte zu Beginn der sechziger Jahre kläglich. Dennoch verstanden die Verantwortlichen das Verlangen des Zuschauers nach einem noch umfangreicheren Angebot sportlicher Aktivitäten.

Als Folge solcher Einsicht erweiterte die American League das Teilnehmerfeld 1961 auf zehn Mannschaften und animierte damit die National League, schon ein Jahr später gleiches zu tun. Bereits 1969 erfolgte dann die nächste Aufstockung. Jeweils 12 Mannschaften, die in insgesamt vier Divisionen spielten, gingen nun in den beiden Major Leagues an den Start.
Im gleichen Jahr feierte man in den USA den 100. Jahrestag des Bestehens des professionellen Baseballsports, d. h. der ersten Spielsaison der Cincinnati Red Stockings. Den Feierlichkeiten waren jedoch Monate zuvor heftige Protestaktionen vorausgegangen, bei denen die 1966 gegründete "Major League Baseball Player's Association" letztlich die Erhöhung von Ruhestandsgeldzahlungen für inaktiv gewordene Spieler durchsetzte.
Das Geld, das im Spitzensport eine immer größere Bedeutung erhielt, sorgte für weitere Turbulenzen. 1970 hatten die Schiedsrichter der Profi-Liga durch einen Streik, bei dem es um höhere Gehälter ging, für großes Aufsehen gesorgt. 15 Monate später verweigerten die Spieler aus ähnlichen Motiven ihre Arbeit, was sogar zu einem verspäteten Saisonbeginn und einem daraus resultierenden gekürzten Spielprogramm führte.
1973 konnte ein weiterer drohender Spielerstreik im letzten Moment durch ein Schlichtungsverfahren abgewendet werden. In den Brennpunkt der Diskussionen gerieten immer häufiger Themen wie Transferbestimmungen und Ablösesummen.
1978 vergrößerte sich die American League erneut — diesmal auf insgesamt 14 Teams. Ihr Konkurrent, die National League, hielt weiterhin an den bislang bewährten 12 Mannschaften fest. Ausschlaggebend für diese Aufstockung war wiederum das immense Publikumsinteresse, das den Baseballsport inzwischen zu einem Millionengeschäft gemacht hatte. Die Statistiker konnten 1978 40 Millionen Stadionbesucher registrieren. Rund 60 Millionen Fernsehzuschauer saßen im Durchschnitt vor der Mattscheibe, wenn ein Meisterschaftsspiel "live" übertragen wurde.
Die Spielergehälter nahmen, bedingt durch diese Welle der Begeisterung und die daraus resultierenden Einnahmen, geradezu astronomische Dimensionen an. Sechsstellige Jahresgehälter (noch zehn Jahre zuvor undenkbar) waren plötzlich an der Tagessordnung.
Der Siegeszug des Baseballsports war nicht mehr aufzuhalten, und ein Ende der rasanten Entwicklung des zum "Big Business" gewordenen Nationalsports ist auch in Zukunft nicht abzusehen.

II. Baseball in Europa

Wenngleich Baseball in Europa derzeit noch nicht annähernd die Stellung einnimmt, die diese Sportart in zahlreichen Ländern Amerikas und Asiens innehat, gibt es dennoch keinen Zweifel daran, daß Baseball auf unserem Kontinent auf eine jahrzehntelange Tradition zurückblicken kann. Dem Pioniergeist einzelner Enthusiasten ist es letztendlich zu verdanken, daß der Sportbetrieb, inzwischen in klare Regeln gefaßt und in Verbänden und Dachorganisationen gegliedert, längst seinen Kinderschuhen entwachsen ist.
Der sprunghafte Anstieg der Mitgliederzahlen in den einzelnen Ländern sowie das Interesse bis dato eher zurückhaltender Staaten läßt berechtigte Hoffnungen aufkommen, daß die neunziger Jahre Europa leistungs- und zahlenmäßig an die großen Vorbilder in Amerika und Asien heranführen könnten.
Die nächsten Seiten sollen dazu dienen, dem Leser einen kurzen Einblick in die Geschichte des Baseballsports in Europa zu vermitteln und ihn gleichzeitig über die ungefähre Leistungsstärke einzelner Nationen zu informieren. Die folgende Auflistung erhebt keinen Anspruch auf Vollständigkeit, da hierin nur Länder mit entsprechendem internationalen Renommee Berücksichtigung finden.

1. Europäische Baseball-Nationen

Belgien

Die Entstehung des Baseballspiels in Belgien hat eine durchaus nicht alltägliche Geschichte. „Entwicklungshilfe" leisteten dort nämlich japanische Seefahrer, die im Hafen von Antwerpen vor Anker gingen und sich ihre Langeweile unweit der Docks mit ihrem Lieblingssport vertrieben. Junge Belgier ließen sich in die Regeln und Techniken einweisen und gründeten 1923 mit dem "Antwerp Baseball Club" den ersten Baseballverein in ihrem Heimatland. Die ersten nationalen Wettkämpfe fanden 1930 statt. Das erste Länderspiel trug man 1934 gegen die Niederlande aus. Bereits 1936 erfolgte die Gründung eines nationalen Verbandes mit Namen "Belgische Baseball Federatie" (heute: Belgische Baseball & Softball Federatie).

England

England darf getrost als Ursprungsland des Baseballsports in Europa bezeichnet werden. Nur hier konnte sich das Spiel außerhalb der Vereinigten Staaten bereits im vorigen Jahrhundert (1890!) etablieren. Dies lag insbesondere an A.G. Spalding (s. Seite 14), der regelrechte „Missionsreisen" nach Europa unternahm, um „seinen" Sport auch außerhalb der USA populär zu machen. Schon 1898 ließ Spalding den Briten durch amerikanische Teams, namentlich die Chicago White Stockings sowie eine All-Star-Mannschaft, Anschauungsunterricht in Sachen Baseball erteilen. 1890 entstand mit der "Baseball Association for Great Britain and Ireland" bereits eine gut funktionierende Dachorganisation. Heute kümmert sich die "British Amateur Baseball Federation" um den Spielbetrieb in ganz Großbritannien.
Leistungsmäßig ist das Land mit der ältesten Baseballtradition außerhalb der USA (ähnlich wie Belgien) an sechster bzw. siebter Stelle in der europäischen Rangliste anzusiedeln.

Frankreich

Auf eine lange Geschichte blickt auch Frankreich zurück, wo bereits 1912 mehrere Vereine gegründet wurden. Auch hier bewirkten einige Gastspiele amerikanischer Vereine (Chicago White Sox und New York Giants) nach den Olympischen Spielen 1924 ein gesteigertes Interesse der Bevölkerung. Im gleichen Jahr erfolgte die Gründung der "Fédération Française de Baseball". 1926 wurde erstmals ein geregelter Ligaspielbetrieb aufgenommen. Sein erstes Länderspiel bestritt Frankreich 1929 in Barcelona gegen Spanien. Heute gilt Frankreich als die viertstärkste Baseballnation in Europa.

Holland

J. C. Grasse zeichnet für die Einführung des Baseballspiels in Holland im Jahre 1910 verantwortlich. Der „Vater" des Baseballsports in den Niederlanden entdeckte das Spiel auf einer Geschäftsreise in den USA und war hiervon so begeistert, daß er sich umgehend an die Übersetzung des Regelwerkes ins Niederländische begab. Bereits 1911 traten die ersten Vereine in Amsterdam gegeneinander an. Ein Jahr später verwirklichte Grasse mit der Gründung des "Nederlandse Honkbal Bond" (Honkbal = Baseball) sein Bestreben, die Sportart mittels eines Verbandes zu organisieren. Seit 1952 heißt der niederländische Verband "Koninklijke Nederlandse Baseball & Softball Bond". Ähnlich wie Italien nimmt auch Holland eine Ausnahmestellung im europäischen Baseballgeschehen ein. Mit rund 40.000 Aktiven stellen die Niederländer zahlen- und leistungsmäßig die zweitstärkste Nation. Zu Ligaspielen in unserem Nachbarland kommen nicht selten 3000 bis 4000 Zuschauer.

Italien

Obwohl Baseball bereits seit 1919 in Italien gespielt wird, entstand mit dem ,,YMCA Club Roma'' erst 1945 der erste Verein. Rom und Mailand kristallisierten sich anfangs als Hochburgen dieser Sportart heraus, doch schon bald hatte sich Baseball auf der gesamten Apeninnenhalbinsel zahlreiche Freunde geschaffen. Relativ spät (1950) erfolgte auch die Gründung der ''Federazione Italiana Palla Base'' (heute: Federazione Italiana Baseball & Softball). Der erste Ländervergleich (Gegner war damals Spanien) fand 1952 statt. Heute ist Italien die unangefochtene Nr. 1 in Europa. Nicht zuletzt das enorme Interesse der Medien sorgte dabei für die große Popularität. Mehr als 150.000 Aktive, ein Zuschauerschnitt von 7000 Besuchern bei den Ligaspielen, sowie regelmäßige Fernsehberichterstattungen setzen Maßstäbe, die alle anderen Baseballnationen Europas wohl auch noch in einigen Jahren in Ehrfurcht erstarren lassen werden.

San Marino

Wer die geographische Lage des Stadtstaates kennt, weiß, daß es natürlich nur die Italiener gewesen sein konnten, die Baseball auch in San Marino populär machten. Die Mannschaft nahm 1971 (Im gleichen Jahr erfolgte auch die Aufnahme in die europäische Dachorganisation FEB) erstmals an einer Europameisterschaft teil. Damals verbuchte man mit dem Erreichen des fünften Platzes ein sensationelles Erfolgserlebnis.

Spanien

Das leistungsmäßig drittstärkste baseballspielende Land Europas nahm seine diesbezüglichen Aktivitäten 1920 auf. Als erster, 1927 namentlich erwähnter spanischer Verein gilt der ,,Piratas Beisbol Club Madrid'', der auch an der Gründung der 1929 ins Leben gerufenen ersten Liga beteiligt war. Im gleichen Jahr bestritt Spanien gegen Frankreich sein erstes Länderspiel. Der offizielle nationale Meisterschaftsbetrieb wurde jedoch erst 1944 aufgenommen. Im gleichen Jahr folgte die Gründung der ,,Federación Española de Beisbol''.

2. Weitere baseballspielende Länder in Europa

In Skandinavien ist Finnland die bedeutsamste Baseballhochburg. Diese Sportart wird dort seit 1920 betrieben. Weniger Anklang findet Baseball hingegen in Schweden, wenngleich es Belege gibt, daß das Spiel dort bereits seit 1910 existiert. Seit geraumer Zeit entwickelt sich nun auch in Dänemark ein geregelter Spielbetrieb.
Auch in diversen osteuropäischen Ländern rührt sich seit einiger Zeit etwas. Eine Vorreiterrolle nimmt dort Polen ein, dessen Verband „Polski Swiazek Baseballa i Pilki Palantowej" schon 1960 in die FEB aufgenommen wurde. Die positive Entwicklung des Baseballsports in Polen wurde durch das deutsche Schlagballspiel, das sich insbesondere in Oberschlesien großer Beliebtheit erfreute, begünstigt. Das erste Länderspiel bestritt Polen 1966 gegen die Tschechoslowakei, deren Spielbetrieb im gleichen Jahr dem „Svaz Softballu a Baseballu" unterstellt wurde. Der erste Baseballclub der ČSFR entstand 1964 in Prag aus einem Softballverein der dortigen Universität. Im Zuge der sowjetischen Öffnungspolitik, die auch im sportlichen Bereich ihren Niederschlag fand, stellte die UdSSR 1988 einen Antrag auf Aufnahme in den europäischen Verband CEBA und in die internationale Dachorganisation IBA.
Die ersten Jahre nach den Olympischen Spielen in Barcelona — so hoffen Aktive und Funktionäre — werden den Baseballsport weltweit noch erheblich populärer machen. Es bleibt zu wünschen, daß dann zahlreiche weitere Länder an dem dynamischen Mannschaftsspiel Gefallen finden werden.

3. Die Organisation des Baseballsports in Europa

Die Geschichte des organisierten Baseballgeschehens in Europa begann im Jahre 1951, als der Präsident und der Sekretär der „Federación Española de Beisbol" Luis Barrio und José Ramon Alvarez Europa mit dem Ziel bereisten, einen europäischen Dachverband ins Leben zu rufen. Zwei Jahre später, am 27., 28. und 29. April 1953 gründeten Delegierte aus Belgien, Frankreich, Italien, Spanien und der Bundesrepublik Deutschland in Paris die „Fédération Européenne de Baseball" (FEB), die in ihrer englischen Übersetzung als „European Baseball Federation" (EBF) bekannt wurde. Schon damals verankerte die FEB in ihren Gründungsstatuten als eines ihrer vorrangigen Ziele die Anerkennung des Baseballsports als olympische Wettkampfart. Der erste sichtbare Erfolg der noch jungen Organisation war die Einführung und Ausrichtung der Europameisterschaft, die erstmals am 26. Juni 1954 ausgetragen wurde. Der Austragungsort war damals Antwerpen (Belgien). Das Teilnehmer-

feld bestand allerdings aus lediglich vier Nationen, die sich in der Reihenfolge Italien, Spanien, Belgien und Deutschland plazieren konnten.
Für eine weitere Belebung des Spielbetriebes sorgte die Einrichtung eines Europa-Cup-Wettbewerbes für Vereinsmannschaften, der 1963 aus der Taufe gehoben wurde. Hier kämpfen die Meister der einzelnen Nationen (ähnlich wie beim Europa-Pokal der Landesmeister im Fußball) um die heißbegehrte Trophäe.
1972 beschloß man aus sportpolitischen Gründen eine Umbenennung. Im März des Jahres entschieden die Funktionäre der FEB, fortan unter dem Namen „Confédération Européene de Baseball Amateur" (CEBA) aktiv zu sein. Gleichzeitig unterzog man das gesamte Regelwerk einer gründlichen Überarbeitung, um eine seit langem geplante Aufnahme der einzelnen Mitgliedstaaten in die internationale Dachorganisation "Federación Internacional de Beisbol Afficionados" (FIBA) vorzubereiten. Dieser Schritt ermöglichte den Mitgliedern der CEBA bereits im Jahr des Anschlusses an die FIBA die Teilnahme an den Weltmeisterschaften in Nicaragua.
1973 erhielt die FIBA Konkurrenz in der Federación Mundial de Beisbol Afficionados (FEMBA), mit der sie drei Jahre später gemeinsam die Asociación Internacional Beisbol Amateur (AINBA) gründete.
1984 wurde die AINBA in International Baseball Association (IBA) umbenannt.
1990 gehörten der CEBA 19 und der IBA 64 Mitgliedstaaten an.

4. Baseball außerhalb der USA und Europa

Wenn man Laien mit dem Begriff „Baseball" konfrontiert, um sie nach den Ländern zu befragen, in denen diese Sportart ihrer Ansicht nach einen besonders hohen Bekanntheitsgrad genießt, würden die meisten wohl mit „USA", allenfalls noch mit „Amerika" antworten, um sodann in eine nicht mehr enden wollende schöpferische Denkpause zu verfallen. Daß sich Baseball jedoch nicht nur in fast allen südamerikanischen Ländern allergrößter Beliebtheit erfreut, sondern auch in zahlreichen asiatischen Staaten die sportbegeisterten Massen mobilisiert, wissen eigentlich nur Insider.
Doch auch Australien, die Philippinen, Indien, China und Indonesien stellen Mannschaften von beachtlicher Spielstärke, was nicht zuletzt darauf zurückzuführen ist, daß man keinerlei Nachwuchsprobleme kennt. In Japan, Korea und Taiwan wurde das Baseballspiel sogar zum Nationalsport, der auch in der Zuschauergunst unanfechtbar an erster Stelle steht.
Obwohl die Vereinigten Staaten mit rund 42 Millionen Aktiven und einem Schnitt von 30 bis 40 Tausend Zuschauern bei Spielen der Profiliga zahlenmäßig in jeder Hinsicht an der Spitze rangieren, finden sich die Amerikaner lei-

stungsmäßig dennoch deutlich abgeschlagen auf Platz fünf der internationalen Rangliste wieder. Erstaunlich ist hierbei die Tatsache, daß ausgerechnet ein relativ kleiner Staat wie Kuba als mehrfacher Weltmeister vor Japan, Korea und Taiwan die unbestrittene Führungsposition einnimmt.
Interessenbekundungen sowie Aufnahmeanträge bei der International Baseball Association (IBA) deuten darauf hin, daß in den nächsten Jahren noch zahlreiche weitere Staaten aus Asien und Ozeanien in das internationale Spielgeschehen eingreifen werden.

III. Baseball in der Bundesrepublik Deutschland

Nachdem wir uns im vorhergehenden Kapitel mit der Entwicklung des Baseballspiels in den Vereinigten Staaten und Europa beschäftigt haben, soll auf den folgenden Seiten beschrieben werden, auf welche Weise der Lieblingssport der Amerikaner nach Deutschland kam, und wie er sich hierzulande etablieren konnte.

Daß Baseball überhaupt bekannt wurde, ist in erster Linie den im süd- und südwestdeutschen Raum stationierten amerikanischen Militäreinheiten zu verdanken, denen auch die Einführung des American Football im gesamten Bundesgebiet zuzuschreiben ist.

Die Soldaten, die auch fern der Heimat nicht auf die Ausübung ihres „National Game" verzichten wollten, halfen deutschen Interessenten beim Erlernen ihrer Sportarten gern und leisteten so wertvolle „Entwicklungshilfe". Mittels der sogenannten "German Youth Activities" (unter denen Jugendprogramme verschiedenster Inhalte zu verstehen sind) integrierte man deutsche Jugendliche in Baseballmannschaften, von denen zeitweise in Hessen, Baden-Württemberg, Rheinland-Pfalz und Bayern bis zu 140 aktiv waren. Die erforderliche Ausrüstung wurde in der Regel großzügig gestellt.

Zur weiteren Popularität trug eine in Deutschland spielende amerikanische Baseballiga bei, in der zeitweise sogar hochkarätige Profispieler aus den USA mitwirkten.

Zwischen 1949 und 1951 entstanden die ersten deutschen Baseballvereine, wobei die Gründungsorte Frankfurt, Stuttgart, Marburg und München die bereits zuvor erwähnte Konzentration auf den süddeutschen Raum verdeutlichen.

Mit dem nachlassenden Interesse der Amerikaner an der deutschen Baseballszene schien sich jedoch schon bald das Ende der so verheißungsvollen Entwicklung abzuzeichnen. Zu Beginn der sechziger Jahre existierte nur noch knapp ein Dutzend Vereine, deren Fortbestand aufgrund fehlender Nachwuchsspieler oder kaum vorhandener geeigneter Sportanlagen stark in Frage gestellt war. Seinen absoluten Tiefpunkt erreichte der Baseballsport in der Bundesrepublik 1973, als es plötzlich nur noch einen einzigen deutschen Baseballverein gab. Dieser war dem VFR Mannheim angeschlossen und wurde knapp zwei Jahre später unter dem Namen BC Tornados Mannheim bekannt. Was nun folgte, waren die schwersten Jahre in der Baseballgeschichte unseres

Landes. Daß es nicht zugleich auch die letzten waren, ist dem vorbildlichen Engagement der Mannheimer und anderen begeisterten Amateursportlern zu verdanken. Langsam aber konstant ging es schließlich wieder bergauf. Bis 1977 konnte man bereits zwölf Teilnahmen an Europameisterschaften verzeichnen, bei denen sich eine sogenannte deutsche Nationalmannschaft jedesmal erstaunlich gut aus der Affäre ziehen konnte und hierbei einmal den zweiten, sechsmal den dritten, dreimal den vierten und zweimal den fünften Platz belegte. Einen weiteren Achtungserfolg verbuchte man zudem 1972 in Nicaragua bei der bisher einzigen Teilnahme an einer Weltmeisterschaft.

Und doch verlieren diese Erfolge einigen ideellen Wert, wenn man sich vor Augen hält, mit welchen Methoden der vermeintliche Ruhm erkämpft wurde. Tatsache war nämlich, daß zahlreiche Amerikaner mit Hilfe eines raffinierten Ausweisschwindels unter deutschen Namen aufliefen, um eine leistungsstarke Mannschaft stellen zu können. Unter solchen Umständen kann von der Teilnahme einer ,,Deutschen Nationalmannschaft'' zu diesem Zeitpunkt selbstverständlich überhaupt keine Rede sein.

Das Jahr 1980 wurde zu einem bedeutenden Meilenstein in der Geschichte unserer Sportart, da mit der Gründung des Deutschen Baseball und Softball Verbandes (DBV) endlich ein entscheidender Schritt in Richtung einer längst überfälligen Organisation getan wurde.

Damals trugen neun Vereine unter der straffen Führung von Klaus Fritsche (einer der beiden Autoren dieses Buches und 1. Vorsitzender des DBV von 1982 bis 1988) zur Entstehung des heute so unentbehrlich gewordenen Verbandes bei, der 1982 die Gründung einer 1. Bundesliga durchsetzen konnte, an der anfangs nicht mehr als sechs Teams teilnahmen.

Die Schaffung dieses ersten deutschen Ligaspielbetriebs erfolgte nach dem Reglement des Europäischen Baseballverbandes (CEBA), das unter anderem den Einsatz von höchstens drei ausländischen Spielern pro Mannschaft festlegte. Durch diese Regel wurden die Vereine dazu angehalten, den eigenen Nachwuchs stärker denn je zu fördern und sich nicht mehr wie bisher auf ,,Importe'' aus dem Mutterland des Baseballs zu verlassen.

Zu Beginn des Jahres 1985 hatten sich schon 17 Vereine dem DBV angeschlossen, und ein Jahr später hatte sich diese Zahl bereits verdoppelt. 1989 verzeichnete die Statistik annähernd 100 eingetragene Vereine und mehr als 3800 Aktive. Der DBV ist in sieben Landesverbände untergliedert (Abb. 1) und ist seinerseits Mitglied des Internationalen Baseball Verbandes (IBA), des Europäischen Amateur Baseball Verbandes (CEBA) sowie des Europäischen Softball Verbandes (ESF).

Nachdem Baseball bereits 1936, 1964, 1984 und 1988 Vorführsportart bei den Olympischen Spielen war, wird es 1992 in Barcelona erstmals eine offizielle Disziplin sein. Nicht zuletzt weil auch die Bundesrepublik in den Medaillenwett-

kampf eingreifen möchte, ist man auf seiten des DBV derzeit noch um eine Aufnahme in das Nationale Olympische Komitee (NOK) bemüht. Die Aufnahme in den Deutschen Sportbund erfolgte 1990.
Die einstige Konzentration bundesdeutscher Baseballvereine auf den süddeutschen Raum hat sich inzwischen nach Nordrhein-Westfalen verlagert. Dort existierten 1989 rund 40 Vereine mit insgesamt mehr als 80 Mannschaften, wobei Köln als einzige Stadt mit zwei Erstligisten (Cologne Dodgers und Cologne Cardinals) die Stellung einer Baseballhochburg einnimmt. Als bislang erfolgreichster deutscher Baseballverein verdienen die Mannheim Tornados an dieser Stelle ebenfalls zusätzliche Erwähnung.
Die Anschrift des Deutschen Baseball- und Softball-Verbandes e.V. lautet:

Elias-Holl-Straße 24
8070 Ingolstadt
Tel.: (08 41) 13 18

Im folgenden wurde ganz bewußt auf eine detaillierte Erläuterung des Spielbetriebs in der Bundesrepublik Deutschland verzichtet, da dieser durch die (häufigen Änderungen unterliegende) „Spielordnung des deutschen Baseball und Softball Verband e.V." geregelt wird. Diese Spielordnung, die über die o.g. Adresse zu beziehen ist, behandelt unter anderem wichtige Themen, wie die Auf- und Abstiegsregelung, die Durchführung der Wettkämpfe in den unterschiedlichen Ligen, Bekleidungsvorschriften, Handhabung von Protesten und vieles mehr.

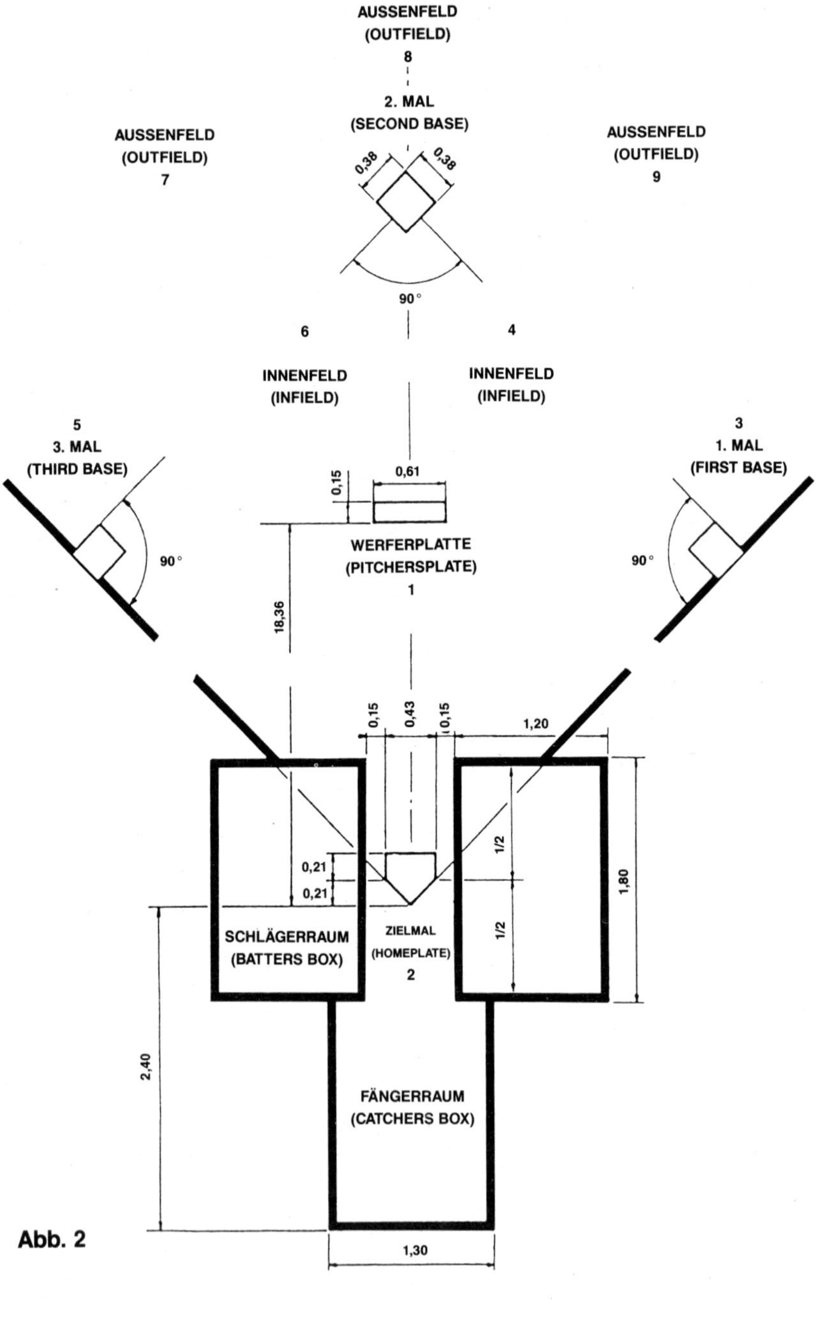

AUSSENFELD
(OUTFIELD)
8
2. MAL
(SECOND BASE)
0,38
0,38
AUSSENFELD
(OUTFIELD)
7
AUSSENFELD
(OUTFIELD)
9
90°
6
4
INNENFELD
(INFIELD)
INNENFELD
(INFIELD)
5
3. MAL
(THIRD BASE)
3
1. MAL
(FIRST BASE)
0,15
0,61
90°
WERFERPLATTE
(PITCHERSPLATE)
1
90°
18,36
0,15
0,43
0,15
1,20
1/2
0,21
0,21
1,80
1/2
SCHLÄGERRAUM
(BATTERS BOX)
ZIELMAL
(HOMEPLATE)
2
2,40
FÄNGERRAUM
(CATCHERS BOX)
1,30

Abb. 2

IV. Kurzbeschreibung des Baseballspiels

Baseball wird von zwei Mannschaften, einer Schlagmannschaft und einer Fangmannschaft mit jeweils neun Spielern, gespielt. Als inaktive Mannschaftsmitglieder gehören der Trainer (Coach) und die Coachhelfer zu jedem Team. Den aktiven Spielern sind auf dem Spielfeld bestimmte Positionen zugewiesen.

Erläuterung der in der Zeichnung eingetragenen Positionen:

1. **Werfer (Pitcher)**
2. **Fänger (Catcher)**
3. **Erster-Mal-Mann (Firstbaseman)**
4. **Zweiter-Mal-Mann (Secondbaseman)**
5. **Dritter-Mal-Mann (Thirdbaseman)**
6. **Kurz-Stopper (Short Stop)**
7. **Linker Außenfeldspieler (Leftfielder)**
8. **Zentraler Außenfeldspieler (Centerfielder)**
9. **Rechter Außenfeldspieler (Rightfielder)**

Das Spiel besteht in der Regel aus neun "Innings" (Durchgängen), wobei die jeweils gültige nationale Spielordnung der Liga oder des Verbandes maßgebend ist. Sie kann fünf bis neun zu spielende Innings vorschreiben.
Ein Inning umfaßt die Phase des Spiels, in der sowohl die Heim- als auch die Gastmannschaft ihre Schlagmänner einsetzt.
Die Mannschaft, die nach Beendigung des letzten Innings die meisten Punkte erzielt hat, ist der Sieger eines Matchs.
Das Baseballspiel kennt kein Unentschieden!
Die Punktwertung erfolgt nach Runs. Ein Run wird erreicht, wenn ein Spieler der schlagenden Mannschaft den Ball mit dem Schläger getroffen hat und alle Male in der Reihenfolge erstes, zweites, drittes und Zielmal anläuft und berührt, ohne vorher abgeschlagen zu werden.

Die Aufgabe der fangenden Mannschaft besteht darin, die Spieler der schlagenden Mannschaft an dem Erreichen der Male zu hindern, sie abzuschlagen oder AUS zu machen. Können insgesamt drei Spieler der gegnerischen Mannschaft auf eine der zuvor beschriebenen Weisen ausgeschaltet werden, wird die Fangmannschaft automatisch zur Schlagmannschaft.
Ein Schlagmann ist AUS, wenn:

— er den Ball schlägt, dieser aber ohne den Boden berührt zu haben von einem Feldspieler gefangen wird;
— der Schiedsrichter bereits zweimal auf Strike (Fehlschlag) entschieden hat, und der Schlagmann den Ball auch beim dritten Versuch verfehlt;
— er bei einem „Stehlversuch" (Versuch das nächste Mal zu erreichen) vor Erreichen des Males von einem in Ballbesitz befindlichen Feldspieler abgeschlagen wird;
— er einen Bunt (Abtropfenlassen des Balls vom Schläger in das Spielfeld) verfehlt, nachdem ihm bereits zwei Strikes (Fehlschläge) unterlaufen sind.

V. Das Baseball-Spielfeld

Die Bezeichnung „Baseballfeld" schließt folgende räumliche Flächen als ein Ganzes ein:

das "FAIR TERRITORY", die bespielbare Fläche innerhalb der Spielfeldbegrenzung.

das "FOUL TERRITORY", die bespielbare Fläche außerhalb der Spielfeldbegrenzung bis zur Umzäunung oder Begrenzung des Baseballfeldes.

1. Das Innenfeld (INFIELD)

Das Spielfeld muß den nachstehenden offiziellen Maßen entsprechend angelegt werden:

Das Innenfeld (INFIELD) ist ein Quadrat mit einer Seitenlänge von jeweils 27,43 m.

Innerhalb dieses Vierecks befinden sich:

Das erste Mal (FIRST BASE) an der rechten Spielfeldlinie

das zweite Mal (SECOND BASE) diagonal zur Zielplatte (HOME PLATE)

das dritte Mal (THIRD BASE) an der linken Spielfeldlinie

die Zielplatte (HOME PLATE) diagonal zum zweiten Mal (SECOND BASE)

Die Entfernung in der Diagonalen von der Zielplatte (HOME PLATE) zu dem zweiten Mal (SECOND BASE) muß 38,7 Meter betragen.

2. Das Außenfeld (OUTFIELD)

Das Außenfeld (OUTFIELD) ist die Fläche, die sich hinter dem ersten und dritten Mal und zwischen der linken und rechten Spielfeldlinie bis zur Spielfeldbegrenzung (Zaun) befindet.

Die Entfernung von der Zielplatte (HOME PLATE) bis zur Abgrenzung (Zaun) im Außenfeld sollte mindestens 76 Meter betragen.

Die optimale Entfernung von 97 Metern entlang der linken und rechten Spielfeldlinie und 121 Metern gemessen von der Zielplatte über das zweite Mal bis zur Spielfeldbegrenzung (Zaun) im Außenfeld sollte möglichst eingehalten werden.

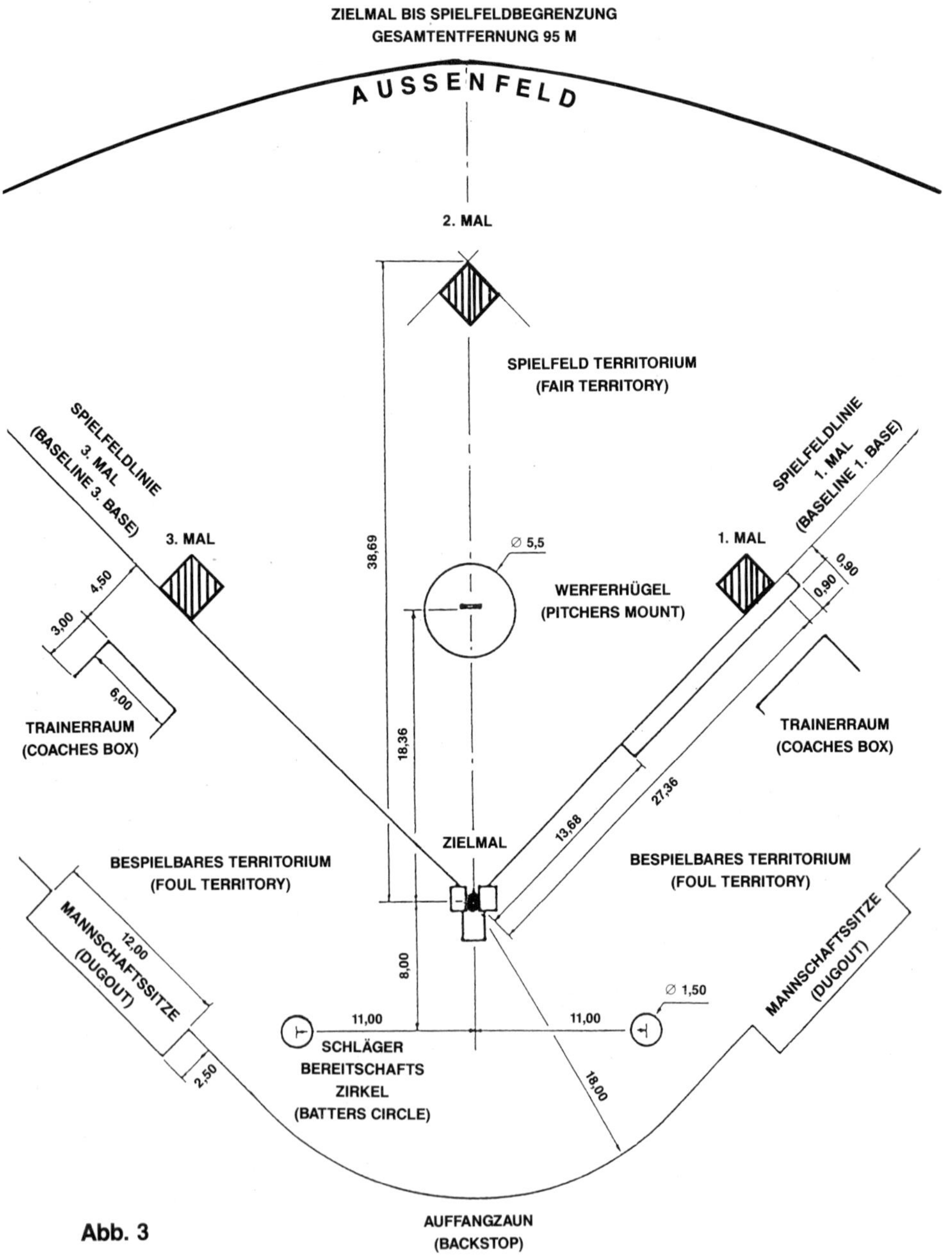
ZIELMAL BIS SPIELFELDBEGRENZUNG
GESAMTENTFERNUNG 95 M
AUSSENFELD
2. MAL
SPIELFELD TERRITORIUM
(FAIR TERRITORY)
SPIELFELDLINIE
3. MAL
(BASELINE 3. BASE)
SPIELFELDLINIE
1. MAL
(BASELINE 1. BASE)
3. MAL
1. MAL
38,69
∅ 5,5
WERFERHÜGEL
(PITCHERS MOUNT)
0,90
0,90
4,50
3,00
6,00
TRAINERRAUM
(COACHES BOX)
TRAINERRAUM
(COACHES BOX)
18,36
27,36
13,68
ZIELMAL
BESPIELBARES TERRITORIUM
(FOUL TERRITORY)
BESPIELBARES TERRITORIUM
(FOUL TERRITORY)
12,00
MANNSCHAFTSSITZE
(DUGOUT)
MANNSCHAFTSSITZE
(DUGOUT)
8,00
∅ 1,50
11,00
11,00
SCHLÄGER
BEREITSCHAFTS
ZIRKEL
(BATTERS CIRCLE)
2,50
18,00
AUFFANGZAUN
(BACKSTOP)

Abb. 3

3. Das Foul Territorium

Die Fläche außerhalb der Spielfeldlinien wird als "Foul Territorium" bezeichnet. Sie ist im Falle eines von einem gegnerischen Schlagmann geschlagenen Flugballes bespielbar.
Wird ein solcher Ball in diesem Territorium aus der Luft gefangen, ohne vorher den Boden berührt zu haben, so handelt es sich dabei um einen gültigen Spielzug (OUT).
Die Linie von der Zielplatte zum zweiten Mal sollte in Richtung Ost-Nordost verlaufen.

4. Backstop

Die Strecke hinter der Zielplatte bis zur Zaunabgrenzung (Backstop) muß mindestens 15 bis 16 Meter betragen. Dieses Maß sollte ebenfalls für die Grünfläche zwischen den Spielfeldlinien und den Spielfeldbegrenzungen (Zäunen) eingehalten werden.

5. Die Zielplatte (HOME PLATE)

Die Zielplatte ist ein Fünfeck aus weißem Kunststoffmaterial. Die Breite und die Gesamtlänge betragen 43,20 cm.
Die Zielplatte wird am Boden befestigt oder in das Erdreich eingelassen, wobei die gerade Fläche gegenüber der Spitze in Richtung des zweiten Mals weist. Die linke Spielfeldlinie muß an der linken und die rechte Spielfeldlinie an der rechten Ecke der geraden Frontfläche der Zielplatte enden.

6. Die Werferplatte (PITCHER'S PLATE)

Die Werferplatte (Pitcher's Plate) ist ein Rechteck aus weißem Kunststoffmaterial. Die Länge beträgt 61,2 cm, die Breite 15,3 cm.
Die Werferplatte befindet sich zwischen der Zielplatte und dem zweiten Mal (SECOND BASE). Die Entfernung von der hinteren Spitze der Zielplatte bis zur Vorderkante der Werferplatte beträgt 18,36 Meter. Die Werferplatte wird auf dem Werferhügel (PITCHER'S MOUNT) am Boden befestigt.

Abbildung 4

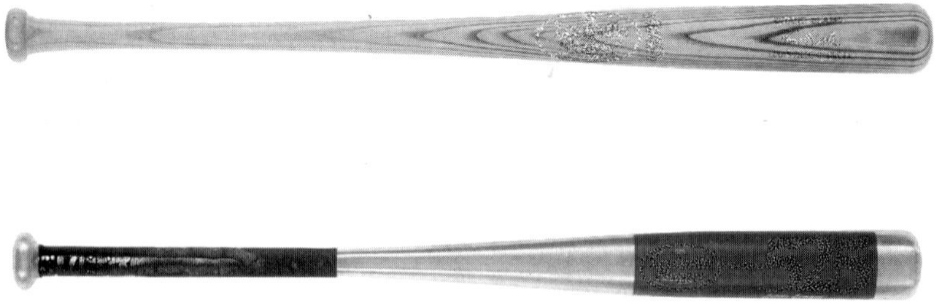

Abbildung 5

VI. Die Ausrüstung

1. Der Baseball

Der offizielle Spielball muß einen Umfang von 22,78 bis 23,49 cm und ein Gewicht von 141,38 bis 141,79 g haben.
Sein Kern besteht aus Kork bzw. Kunststoff, der mit mehreren Lagen dünnen Garns umwickelt ist.
Die Oberfläche besteht aus zusammengenähten weißen Rindslederstücken (Abb. 4).

2. Der Schlagstock (BAT)

Der Schlagstock (BAT) muß aus einem einzigen glatten Material verarbeitet sein. Der Durchmesser darf an der dicksten Stelle nicht mehr als 7 cm und die Gesamtlänge nicht mehr als 106,8 cm betragen (Abb. 5).
Der Schlagstock kann aus Holz oder Leichtmetall gefertigt sein. Je nach Körperbau, Alter oder Kraft können die in der entsprechenden Liga oder Altersklasse zugelassenen Schlagstock-Gewichtsklassen und -Längen verwendet werden.

3. Baseball Uniform

Mannschaftsuniformen müssen einheitlich in Farbe, Schnitt und Design mit einer Rückennummer versehen sein.
Die Größe der Rückennummern muß mindestens 15 cm betragen.
Die Uniformen können auf dem Rücken zusätzlich mit den Namen der Spieler versehen werden.

BASEBALL UNIFORMWERBUNG

Uniformwerbung bedarf auf Vereinsebene keiner Verbandszustimmung, solange diese Werbung nicht gegen die guten Sitten verstößt bzw. einen Verstoß gegen die Spielordnung darstellt.

Abbildung 6
Catcher's Glove

Abbildung 7
Infielder's Glove

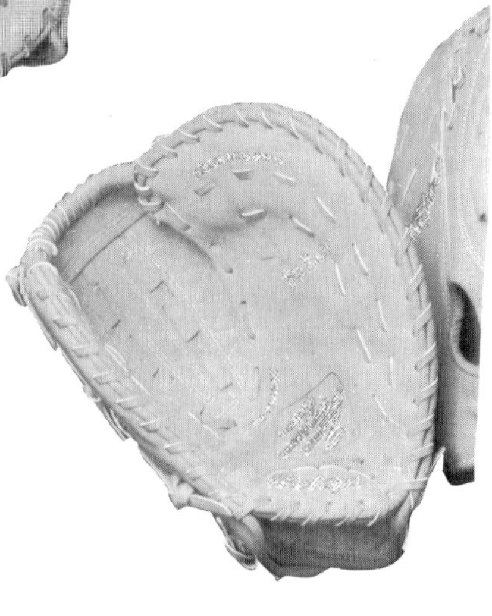

Abbildung 8
First Base Mit

4. BASEBALL-SPIKES (Schuhwerk)

Das Schuhwerk besteht aus sogenannten Spikes, die nicht mit der gleichnamigen Fußbekleidung der Aschenbahnläufer zu verwechseln sind. Baseball-Spikes sind mit ca. 2-3 cm langen, flachen Metallplatten, die senkrecht auf der Sohle befestigt werden, versehen.
Der Einsatz dieses Schuhwerks unterliegt der Genehmigung des jeweiligen Verbandes.
An dem Schuhwerk können Schutzplatten an den Schuhspitzen oder Fersen angebracht werden.
Schuhe mit spitzen Nägeln dürfen nicht getragen werden.

5. Der Fängerhandschuh (CATCHER'S-GLOVE)

Der Fänger (CATCHER) trägt einen für seine Position konzipierten Fängerhandschuh, der in der Innenhandfläche stark gepolstert ist. Er besteht aus Leder und ist bis auf den Daumen aus einem Stück gearbeitet (Abb. 6).

6. Der Innenfeld-Handschuh (INFIELDER'S-GLOVE)

Jeder Innenfeldspieler (INFIELDER) trägt einen Lederhandschuh, der in Größe und Beschaffenheit gleich verarbeitet ist (Abb. 7).

7. Der Handschuh am ersten Mal (FIRST BASE MIT)

Eine Ausnahme bildet der Spieler am ersten Mal. Er trägt einen Handschuh (FIRST BASE MIT), der mit Ausnahme des Daumenschutzes aus einem Stück besteht (Abb. 8).
Der Handschuh des Werfers muß aus einfarbigem Leder gefertigt sein.
Diese Regel muß strikt eingehalten werden, da für die gegnerischen Spieler klar ersichtlich sein muß, welche Handbewegungen beziehungsweise Körperbewegungen von den Werfern ausgeführt werden. Farbunterschiede könnten verwirrende optische Täuschungen beim Gegner hervorrufen.
Der Werfer darf weiterhin keinen fremden Gegenstand an seinen Händen, Armen oder dem Handschuh anbringen, der einen gegnerischen Spieler von dem geworfenen Spielball ablenken könnte.

8. Der Außenfeld-Handschuh (OUTFIELDER'S GLOVE)

Die Lederhandschuhe der Außenfeldspieler (OUTFIELDER) entsprechen in Design und Material denen der Innenfeldspieler mit dem einzigen Unterschied, daß der Auffangbereich (POCKET) des Outfielder's-Glove um ca. 5 bis 8 cm länger bzw. größer ist.

Abbildung 9
Outfielder's Glove

9. Die Catcherausrüstung

Siehe Kapitel X.

VII. Terminologie

Die Fachsprache

Die Entstehungs- und Entwicklungsgeschichte des Baseballspiels läßt keinen Zweifel daran aufkommen, daß die Hauptschauplätze dieser Sportart lange Zeit überwiegend im angelsächsischen Sprachraum lagen.
Wie jede andere Sportart besitzt auch Baseball eine eigene Fachterminologie, die herkunftsbedingt auf der englischen Sprache basiert. Was dem Laien oftmals wie unverständliches „Kauderwelsch" erscheint, eröffnet dem Sachkundigen die Möglichkeit, komplexe Vorgänge, Spielzüge, Schiedsrichterentscheidungen, Ausrüstungsgegenstände und vieles mehr mit Hilfe des speziellen Vokabulars kurz, aber für den Eingeweihten dennoch präzise und unmißverständlich zu benennen. Selbstverständlich könnte man Sprachpuristen recht geben, die behaupten, daß auch der deutsche Wortschatz durchaus geeignet sei, sämtliche Begriffe aus dem Bereich des Baseballsports wiederzugeben und zu erklären. Doch würde man auf diese Weise nicht vieles eher komplizierter und letztlich unklarer machen?
Bei dieser Gelegenheit sollte nicht vergessen werden, daß die englischen Fachtermini nicht nur in der Bundesrepublik, sondern überall dort, wo Baseball gespielt wird, üblich sind und verstanden werden. Wer die englische Sprache nicht beherrscht, kann durchaus ein guter Baseballspieler werden, doch sollte er zumindest die wichtigsten Fachbegriffe erlernen, um das Spiel leichter zu verstehen und sich gleichzeitig auch auf internationaler Ebene mit Baseballfreunden verständigen zu können. Die Autoren haben sich bemüht, jeden in diesem Buch verwendeten Fachausdruck an entsprechender Stelle zu erläutern. Für das Verständnis der Zusammenhänge ist es nicht erforderlich, die auf den folgenden Seiten aufgeführten Worterklärungen und Regeln „auswendig" zu lernen. Das nachstehende Glossar soll dem Leser lediglich in Zweifelsfällen ein schnelles Nachschlagen ermöglichen. Die folgende Auflistung erhebt keinen Anspruch auf Vollständigkeit, da die baseballspezifische Fachterminologie in ihrer Gesamtheit aufgrund der zahlreichen regionalen Unterschiede in den USA gar nicht oder nur sehr mühsam zu erfassen ist. Das Verzeichnis beschränkt sich deshalb auf die wichtigsten, allgemein bekannten und gebräuchlichen Begriffe.

APPEAL

Hierunter versteht man den Einspruch eines Feldspielers beim Schiedsrichter gegen einen Regelverstoß der Schlagmannschaft.
Beispiel: Ein Läufer der Schlagmannschaft überläuft ein Base, ohne dieses zu berühren.
Die Ausführung des Einspruchs erfolgt, indem der Werfer in die Grundposition (SET UP) geht und den Baseball zu dem Innenfeldspieler, der für das überlaufende Mal zuständig ist, wirft, wobei Letzterer das Mal mit dem Fuß berührt.
Hiernach muß eine entsprechende Entscheidung des Schiedsrichters erfolgen (OUT oder SAFE).

BALK (Regelverstoß des Werfers ''PITCHER'')

Beispiel: Der Werfer geht nicht in die durch die Regel vorgeschriebene Grundposition (siehe: SET UP-Position), sondern wirft den Ball zum Fänger, wobei er die Werferplatte nicht mit dem Fuß berührt.
Regelentscheidung: Jeder auf einem Mal befindliche Läufer darf ein weiteres Mal vorrücken.

BALL

Ein Wurf, der nicht innerhalb der Wurfzone (siehe: STRIKE ZONE) plaziert wird und nach welchem der Schlagmann folglich nicht schlagen kann.

BASE COACH (Trainer am ersten und dritten Mal)

Hierbei handelt es sich um in Uniform gekleidete Trainer der Mannschaft, die sich während der Angriffsphase am ersten bzw. dritten Mal in dem jeweiligen Trainerraum (COACHE'S BOX) befinden und dem Schläger bzw. Läufer von dort aus taktische Anweisungen geben.

BASE HIT

Dies ist ein geschlagener Ball (HIT), der dem nun vom Schläger zum Läufer gewordenen Spieler die Möglichkeit eröffnet, das nächste Base zu erreichen. Voraussetzung hierfür ist, daß die Verteidigungsmannschaft den ohne Bodenberührung geschlagenen Ball nicht im Flug fängt.

Eine weitere Voraussetzung für einen Base Hit besteht darin, daß der Ball vor dem Erreichen des ersten Mals nicht zum Verteidiger desselben geworfen wird.
Folglich handelt es sich also nicht um einen Base Hit, wenn der Verteidiger den Ball in seinem Handschuh hält und dabei mit einem Fuß das erste Mal berührt, bevor der Läufer dieses erreicht.

BASE

So bezeichnet man die drei Male (BASES), die von dem Läufer zu berühren sind. Sie sind im Innenfeld an jeder Ecke des Vierecks (DIAMOND) am Boden befestigt.

BATTER (Schlagmann)

Diese Bezeichnung trägt der Spieler der Offensivmannschaft, der sich im Schlagraum (BATTER'S BOX) befindet und gemäß der Schlagreihenfolge zum Einsatz kommt.

BATTER'S BOX (Schlagraum)

Als BATTER'S BOX bezeichnet man das Viereck links und rechts der Zielplatte, in welches sich der an der Reihe befindliche Schlagmann zu begeben hat.

BATTING ORDER (Schlagreihenfolge)

Hierunter versteht man die Auflistung der Schlagreihenfolge der neun Feldspieler auf einem Formblatt. Diese Schlagreihenfolge ist während des gesamten Spiels einzuhalten.
Ersatzspieler sowie der "DESIGNATED HITTER" sind ebenfalls in dieser Liste aufzuführen.

BUNT

Ein Bunt ist ein geworfener Ball, der mit dem Schläger ohne Schwung angetippt wird, so daß er ins Spielfeld (INFIELD) rollt.

COUNT

Bezeichnet die Anzahl der "STRIKES" (siehe STRIKE/STRIKEZONE) und "BALLS", die durch den Schiedsrichter (UMPIRE) angezeigt werden. Der Schiedsrichter zeigt mit der rechten Hand die STRIKES, die gegen den Schlagmann zählen und mit der linken Hand die BALLS, die für den Schlagmann zählen, an.

DEAD BALL (nicht mehr spielbarer Ball)

Beispiel I: Ein Ball, der aus dem Innenfeld in die Zuschauerränge geworfen wird und somit nicht mehr spielbar ist. Beispiel II: Ein Schlagmann wird durch den Wurf des PITCHERS getroffen. Beispiel III: Ein FOUL BALL prallt gegen die Umzäunung hinter dem Fänger.

DESIGNATED HITTER

Dies ist ein Spieler der Offensivmannschaft, der auf dem Formblatt der Schlagreihenfolge aufgeführt ist und dort für den Werfer (PITCHER) als Schlagmann eingesetzt wird.

DOUBLE HEADER

Hierunter versteht man zwei am selben Tag hintereinander ausgetragene Spiele.

DOUBLE PLAY

Der Läufer der Offensivmannschaft erreicht durch einen Schlag (HIT) das First Base.
Der nach ihm eingesetzte Schlagmann trifft den Ball (HIT); dieser berührt den Boden und wird durch einen gegnerischen Spieler zum zweiten Base geworfen; der dort postierte gegnerische Spieler fängt den Ball, berührt das Mal mit dem Fuß und wirft sofort weiter zu dem Spieler am First Base, bevor der zum Läufer geworfene Schlagmann dieses erreichen kann.

Resultat: Beide Läufer sind AUS (OUT).

EMERY BALL

So bezeichnet man einen vorsätzlich an der Oberfläche beschädigten, aufgerauhten Ball.

ERROR (Fehler)

Ein "ERROR" liegt vor, wenn ein geworfener oder geschlagener Ball vom Spieler der Defensivmannschaft innerhalb der Spielfeldbegrenzung nicht gefangen oder aber fallengelassen wurde.

FAIR BALL (spielbarer Ball)

Ein FAIR BALL ist ein geschlagener Ball, der innerhalb der Spielfeldbegrenzung fliegend oder sich auf dem Boden bewegend hinter dem ersten bzw. dritten Mal aus dem Spielfeld rollt.

FORFEITED GAME

Nennt man ein Spiel, das durch den Schiedsrichter wegen groben Regelverstoßes, zum Vorteil einer der beiden Mannschaften, beendet oder erst gar nicht begonnen wurde.

FOUL BALL

Ist ein geschlagener Ball, der hinter der Spielfeldbegrenzung oder der Zuschauertribune landet (FOUL TERRITORY),
oder ein geschlagener Ball, der vor dem ersten oder dritten Mal über den Boden aus dem Spielfeld rollt.
Ein solcher Ball kann höchstens zweimal hintereinander als "STRIKE", danach jedoch nur noch als FOUL BALL gewertet werden.

FOUL TIP

Dies ist ein geworfener Ball, der mit dem Schläger berührt wurde und von dort aus unmittelbar im Fängerhandschuh landet. Laut Regelwerk gilt ein solcher Ball als gefangen und zählt zudem als "STRIKE".

GRAND SLAM

Heißt ein HOME RUN (siehe: HOME RUN), bei dem alle drei Bases vor dem Schlagmann besetzt sind, und somit mit einem Schlag vier Punkte erzielt werden.

GROUND BALL

Wird ein auf dem Boden rollender, innerhalb der Spielfeldbegrenzung geschlagener Ball genannt.

HOME PLATE / HOME BASE (Zielplatte)

Bezeichnet die fünfeckige Platte, hinter der der Fänger kniet.
Um einen Punkt zu erzielen, muß der Läufer diese Platte über das erste, zweite und dritte Mal erreichen.

HOME RUN

Hierbei handelt es sich um einen Ball, der vom Schlagmann innerhalb der Spielfeldbegrenzung über den hinteren Spielfeldbegrenzungszaun im Außenfeld (OUTFIELD) geschlagen wird.
Der zum Läufer gewordene Schlagmann darf nach Berührung aller Bases zur Zielplatte (HOME PLATE) vorrücken und erzielt auf diese Weise einen Punkt (RUN).
Befanden sich vor ihm weitere Läufer auf einem der Male, so erzielen diese ebenfalls nach Berühren der Zielplatte jeweils einen Punkt.

INFIELD FLY (Innenfeld-Flugball)

Voraussetzung für diese Situation ist, daß das erste und zweite Mal oder das erste, zweite und dritte Mal von einem Läufer der Offensivmannschaft besetzt werden, und kein oder höchstens ein Spieler AUS (OUT) ist.
Wird ein vom Werfer geworfener Ball vom Schlagmann der Offensivmannschaft so in die Luft geschlagen, daß er innerhalb des Innenfeldes (INFIELD) und der Spielfeldlinien zum Boden zurückkehrt, so ist dieser Ball durch lauten Ruf des Schiedsrichters zum Innenfeld-Flugball (INFIELD FLY) zu erklären.

Es ist unerheblich, ob der Ball von der Defensivmannschaft gefangen wird oder zu Boden fällt. Der Schlagmann ist automatisch AUS (OUT).
Versucht nun einer der auf den Bases befindlichen Läufer, das nächste Base zu erreichen, während der Ball von der Defensivmannschaft im Innenfeld aus der Luft gefangen wird, so muß der Läufer zu seinem Ausgangspunkt zurückkehren.
Erreicht der Läufer das Ausgangsmal erst, nachdem der Ball dem an diesem Mal stehenden Defensivspieler zugeworfen wird, so ist er ebenfalls AUS.
Fällt der Ball, ohne aus der Luft gefangen zu werden, direkt im Innenfeld zu Boden, so ist nur der Schlagmann automatisch AUS. Die Läufer dürfen nach eigenem Ermessen (FIELDER'S CHOICE) versuchen, zum nächsten Mal vorzurücken, wobei sie sich der Gefahr aussetzen, AUS gemacht zu werden.
Im Regelfall bleiben die Läufer jedoch an ihren Bases stehen.

INNING (Durchgang)

Bezeichnet die Phase des Spiels, nach welcher jeweils drei Spieler beider Mannschaften geschlagen haben und durch den Werfer oder/und die Innen- bzw. Außenfeldspieler der gegnerischen Mannschaft AUS gemacht wurden.

INTERFERENCE (Spieler-Behinderung)

Heißt die Behinderung eines oder mehrerer Spieler bei einem Spielzug.

Häufige Behinderungen:
Der Fänger hält den Fanghandschuh zu weit in die Schlagzone, so daß der Schlagmann bei der Durchführung seines Schlages den Handschuh trifft.
Folge: Der Schlagmann darf zum FIRST BASE vorrücken.
Der durch einen gültigen Schlag (HIT) zum Läufer gewordene Schlagmann nimmt den Ball mit dem Körper innerhalb des Spielfeldes während seines Laufes zum ersten Mal mit, oder ein Spieler der Offensivmannschaft, der sich auf dem Weg von einem zum nächsten Mal befindet, trifft den geschlagenen Ball mit dem Fuß, so daß dieser von seiner ursprünglichen Bahn abkommt. In beiden Fällen sind die Läufer AUS zu erklären.
Ein zum Läufer gewordener Schlagmann benutzt nicht die vorgeschriebene Laufzone (ca. 90 cm außerhalb der Seitenlinie) während seines Laufes zum FIRST BASE und wird von einem vom Fänger zum FIRST BASE geworfenen Ball getroffen. Folge: Der Läufer wird AUS erklärt.

MUD BALL

Bezeichnet einen bewußt regelwidrig von einem Spieler beschmutzten Ball.

OBSTRUCTION (Behinderung ohne Ball)

Beispiel: Ein nicht in Ballbesitz befindlicher Spieler der Verteidigung behindert einen Spieler der angreifenden Mannschaft, der gerade von einem Base zum nächsten läuft. Folge: Der Läufer darf ein Base vorrücken.

OFFENSE (Offensivmannschaft)

Heißt die Mannschaft, deren Schlagmann gerade zum Einsatz kommt.

OUT (AUS-Situation)

Folgende Voraussetzungen führen zu einem „AUS" (OUT):

1.) Drei "STRIKES" (siehe STRIKES/STRIKE-ZONE);
2.) Ein vom Schläger geschlagener Flugball wird aus der Luft gefangen.
3.) Ein geschlagener Ball wird von der Defensivmannschaft zum FIRST BASE geworfen und erreicht dieses vor dem herannahenden Läufer (BATTER/RUNNER).
4.) Innenfeld-Flugball (siehe: INFIELD FLYBALL): Der Schläger ist automatisch AUS.
5.) Ein Läufer wird an einem Mal von einem gegnerischen Defensivspieler AUS gemacht (PICK OFF).
6.) Ein Läufer wird von einem geschlagenen Ball während eines Laufes zwischen zwei Malen getroffen und lenkt den Ball dabei ab oder nimmt ihn mit dem Körper mit.

PICK OFF

Der in der Nähe eines Males befindliche Läufer hält sich in einem zu großen Abstand zu diesem auf. Der Werfer wirft den Ball zu dem an dem Mal stehenden eigenen Spieler, der den Läufer mit dem Ball berührt, bevor dieser das Mal selbst wieder berühren kann.

PINCH RUNNER

Bezeichnet einen Auswechsel-Läufer, der für einen Schlagmann nach erfolgreichem Schlag (HIT) ab dem FIRST BASE eingesetzt werden darf. Dieser Spieler muß auf der Spielerliste namentlich aufgeführt werden.

PIVOT FOOT (Standbein)

Ist der Fuß des Werfers, der die Platte (PITCHER'S PLATE) berühren muß.

(RBI) RUN BATTED IN

Ein Schlagmann ermöglicht durch einen "HIT" einem auf einem Kissen befindlichen Läufer ein Vorrücken bis zum Zielmal (HOME PLATE) und einen damit verbundenen Punktgewinn.

SET UP POSITION

Dies ist eine der beiden erlaubten Ruhepositionen, die der Werfer vor seinem Wurf einnehmen muß.
Bei dieser Position muß der Werfer mit seiner Wurfhand, in der er den Ball hält, diesen in den Handschuh der anderen Hand legen und sodann zu einer vollständigen Unterbrechung seiner Bewegung kommen.
Will der Werfer einen "PICK OFF"-Versuch unternehmen, so muß er sich mit dem Fuß einen Schritt in Richtung des Males begeben, in dessen Richtung er werfen will. Hierbei muß der Standfuß (siehe PIVOT FOOT) von der Werfer-Platte genommen werden.

STOLEN BASE

Diese Situation liegt vor, wenn ein Läufer, der sich auf einem Mal befindet, zum nächsten Mal läuft, ohne von der Defensivmannschaft AUS gemacht zu werden.

STRIKE / STRIKE ZONE

Ein STRIKE ist ein Ball, der von dem Werfer in eine Zone (Fenster) zwischen Knie- und Schulterhöhe (STRIKE ZONE) des gegnerischen Schlagmanns, über die Zielplatte geworfen wird.

Der Schlagmann schlägt nach dem Ball, trifft diesen aber nicht oder nur derart, daß er nicht in der Spielfeldzone, sondern außerhalb des gültigen Terrains landet (FOUL BALL und STRIKE).
Bis zum zweiten FOUL BALL wird dem Schlagmann jeweils ein STRIKE zugesprochen. Nachfolgende FOUL BALLS werden nicht mehr als STRIKE gewertet.

Abb. 10

Räumliche Darstellung der STRIKEZONE:
Die STRIKEZONE wird dreidimensional gesehen und ist in der Höhe der Raum zwischen Achselhöhle/Schulter und Knie des Schlägers (BATTER). Sie entspricht in der Breite und Länge dem Umfang der Zielplatte.
Es spielt hierbei keine Rolle, ob der geworfene Ball diese Zone seitlich von rechts nach links oder von links nach rechts (Kurvenball), von oben nach unten (Ephusball) oder von unten nach oben (Submarinerball) durchquert.

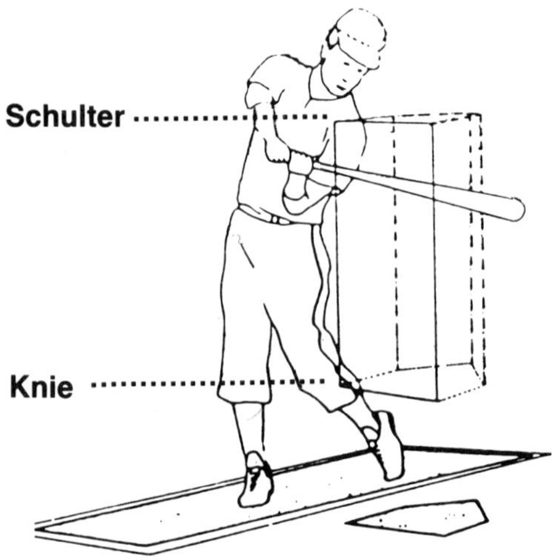

Abb. 11

Frontale Darstellung der STRIKEZONE:
Der geworfene Ball durchquert innerhalb des Rechtecks die dreidimensionale Strikezone (Gültiger Wurf).

Abb. 12

Frontale Darstellung der BALLZONE:
Der geworfene Ball wird oberhalb, unterhalb oder seitlich der gültigen, dreidimensionalen Strikezone geworfen (Ungültiger Wurf).

SACRIFICE (SUICIDE) BUNT

Ein Schlagmann „opfert" sich für einen Läufer, der sich auf einem Base befindet, indem er den Ball nur „antippt", so daß dieser in das Spielfeld rollt. Der Ball wird nun vom gegnerischen Spieler zum First Base geworfen: Der Schlagmann ist AUS, und der Läufer hat die Möglichkeit, ein oder mehrere Male vorzurücken und eventuell einen Punkt zu erzielen.

TAG (Körper-/Ballberühung)

Ein Defensivspieler berührt einen gegnerischen Läufer mit dem Ball, bevor dieser das nächste Base erreicht hat. Hierbei ist es unerheblich, ob er den Gegner mit dem Ball im Handschuh oder mit dem Ball in der bloßen Hand berührt. Resultat: Der Läufer ist AUS (OUT).
Diese Regel gilt nicht während der DEAD BALL-Phase.

TAG UP

Bei einem aus der Luft gefangenen Flugball muß der gegnerische Läufer das Mal, auf dem er sich während des Schlages befand, nochmals berühren, bevor er zum nächsten Mal bzw. zur Zielplatte laufen darf. Er kann jedoch auch so lange auf dem Mal verweilen, bis der Ball aus der Luft gefangen wird, um dann vorrücken zu dürfen.

TRIPLE PLAY

So bezeichnet man eine Wurffolge der Defensivmannschaft, die drei „Aus" (OUT) während eines Spielzuges zur Folge hat.

WALK (Freilauf zum First Base)

Der Schlagmann erhält einen Freilauf (WALK) zum ersten Mal, wenn der Werfer den Ball insgesamt viermal nicht innerhalb der Wurfzone (STRIKEZONE) plazieren konnte.
Wird der Schlagmann durch den vom Pitcher geworfenen Ball getroffen, so erhält er ebenfalls einen Freilauf zum First Base.

WILD PITCH (Unkontrollierter Wurf)

So nennt man den Wurf des Pitchers, der von dem Fänger nicht mehr mit dem Fanghandschuh erreicht werden kann.

WIND UP POSITION

heißt eine der beiden Grundwurfpositionen des Werfers (siehe SET UP).

VIII. Der Werfer (Pitcher)

1. Das Werfen

Der Werfer einer Mannschaft ist die Schlüsselfigur zum Gewinn oder Verlust eines Spiels.

Das Werfen (Pitching) ist keine simple Routine, sondern eine Kunst! Die Voraussetzungen für einen guten Werfer (Pitcher) sind fundamentale Stärke, Schnelligkeit, Kraft, Beherrschung der verschiedenen Wurfvariationen und das Wissen über die Technik des gegnerischen Schlägers (Batter).

Werfer werden in drei verschiedene Kategorien eingestuft:

Kategorie 1: Werfer von Kraftbällen mit hoher Wurfgeschwindigkeit ohne besondere Technik. Aus solch einem voll getroffenen Ball resultiert meist ein Homerun oder ein Schlag ins Außenfeld (Outfield).

Kategorie 2: Punktwerfer, die einen bestimmten Punkt innerhalb der Wurfzone (Strikezone) mit großer Wahrscheinlichkeit treffen und somit dem gegnerischen Schläger Würfe anbieten, die von diesem nicht geschlagen werden können. Dies setzt Kenntnisse über die Technik des Gegners voraus!

Kategorie 3: Werfer, deren Würfe in folgenden Wurfarten resultieren:
Fingerkuppen-Ball (Knuckle Ball)
Kurvenball (Screw/Curve Ball)
Gleiter (Slider)
Gabelball (Forkball)
Tauchball (Blooper)

Werfer, die solche Würfe beherrschen, werden im Baseballjargon auch Junk Pitcher (junk = Schrott) genannt. Dieser Begriff enthält jedoch keinerlei negativen Beigeschmack. Er bedeutet vielmehr eine Anerkennung für Werfer, die solche überaus schwierigen Würfe beherrschen.

Anmerkung: Würfe der Kategorie 3 sollten keinesfalls von Jugendlichen unter 15, besser noch unter 17 Jahren geübt oder im Spiel ausgeführt werden, da die hierbei erforderliche Technik einen starken Verschleiß von Schulter-, Ellenbogen- und Handgelenken verursacht. Nur bei ausgewachsenen Menschen ist der Knochenbau soweit gefestigt und gehärtet, daß die Gelenke eine gewisse

Überdehnung ohne größeren Schaden verkraften. Im übrigen ist vor Beginn eines jeden Trainings oder Spiels ein Aufwärmen (Warm-up) unbedingt erforderlich. Niemals sollte man auch nur einen Ball werfen, ohne den Körper vorher entsprechend vorbereitet zu haben.

2. Die Wurfarten

a) Knuckleball (Fingerknöchelball)

Frontansicht:
Dieser Wurf verursacht einen flatternden Flug des Balles. Die Fingernägel halten den Ball, während die Knöchel entlang der Quernaht des Balles angelegt werden.
Seitenansicht:
Dieser Wurf wird meistens mit einer mittleren Wurfgeschwindigkeit ausgeführt, da dieser Griff eine Ballkontrolle nur sehr eingeschränkt zuläßt.

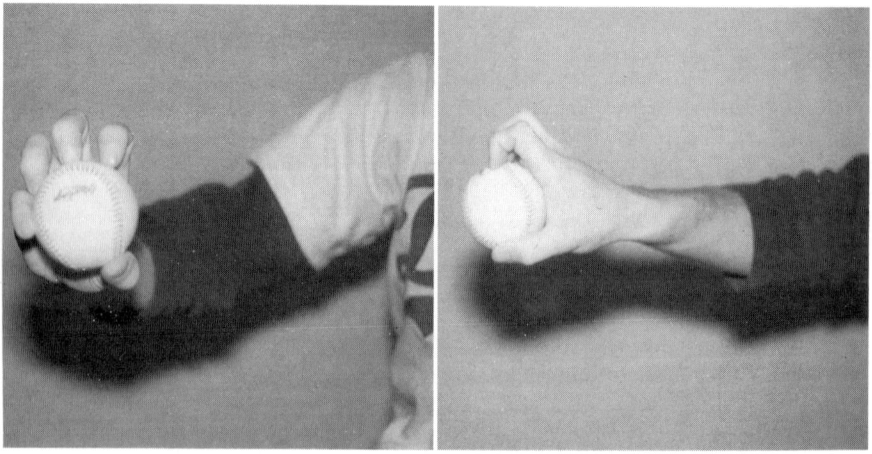

Abb. 13/14

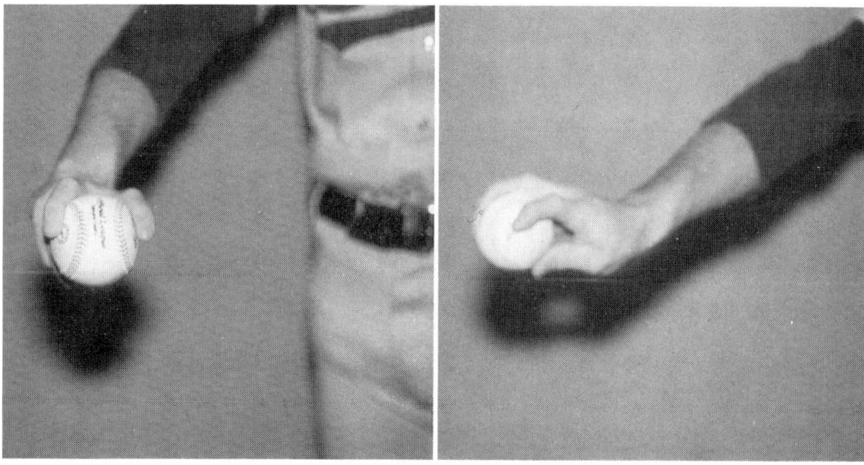

Abb. 15/16

b) Forkball (Gabelball)

Frontansicht:
Wie der Name bereits verrät, werden Zeige- und Mittelfinger der Wurfhand gabelförmig entlang der Ballnähte angelegt. Hierdurch erhält der Ball eine Vertikal-Längsdrehung, die ihn plötzlich in die Strikezone herunterfallen läßt.
Seitenansicht:
Der Ball kann von der Wurfhand auch so geführt werden, daß er innerhalb der Strikezone eine Rechts- oder Linkskurve beschreibt.

c) Fastball (Hochgeschwindigkeitswurf)

Front- und Seitenansicht:
Dieser Wurf wird mit äußerster Arm- und Körperkraft ausgeführt. Hierbei umschließt die Hand den Ball, wobei der Zeigefinger an der Naht bzw. quer zur Naht zur besseren Kontrolle des Wurfes angelegt wird. (Abb. 17-19).
Bei diesen Würfen wurden mit Radar gemessene Geschwindigkeiten von bis zu 180 km/Std. festgestellt.

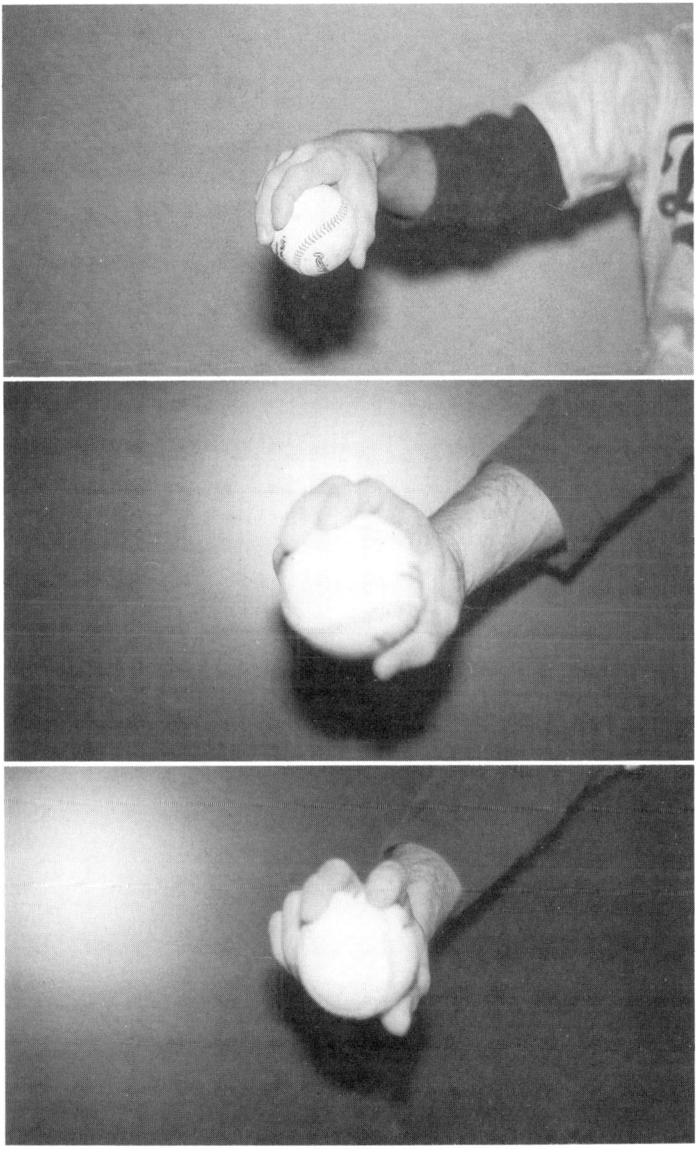

Abb. 17-19

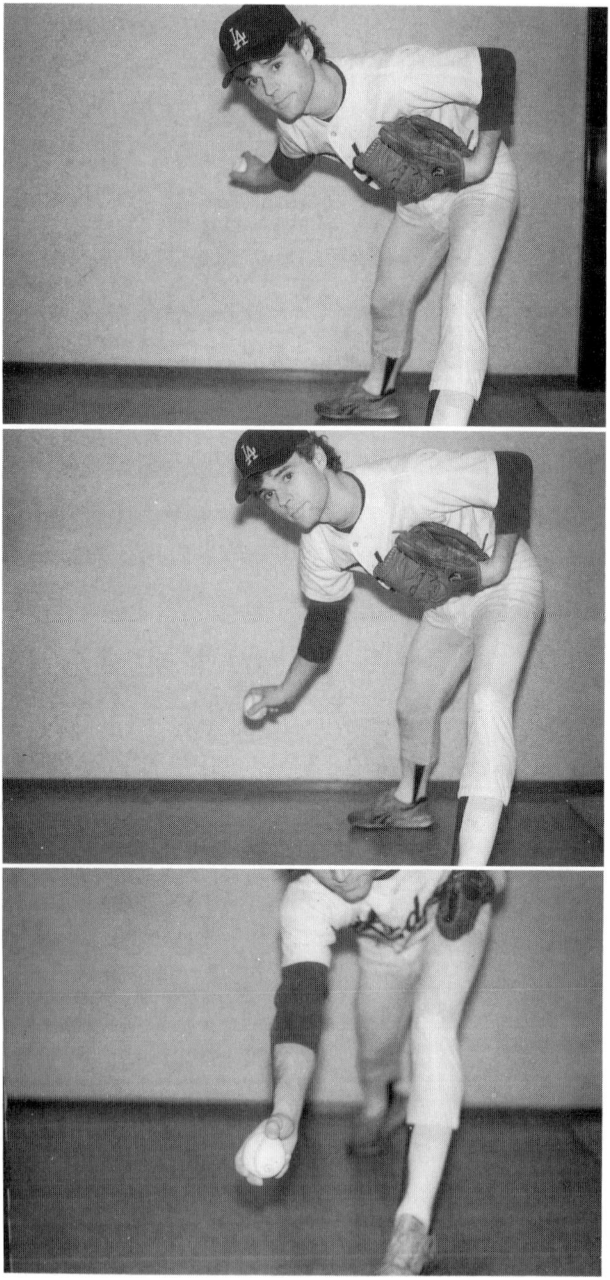

Abb. 20-22

d) Submarinerball (Unterarmwurf)

Dies ist einer der schwierigsten Wurfarten für den Pitcher, da die Wurfbewegung entgegengesetzt zu der anerzogenen Körperbewegung verläuft (normal ist der Überkopfwurf).
Hierbei wird der Wurfarm von unten nach oben seitlich entlang des Körpers geführt, was dazu führt, daß der gegnerische Schläger den heranfliegenden Ball in einer ansteigenden Flugbahn in der Strikezone treffen muß.

e) Curveball (Kurvenball)

Hier wird der Ball mit Daumen, Zeigefinger, Mittelfinger und kleinem Finger in die Hand genommen.
Zeige- und Mittelfinger werden zusammen an eine der Nähte bzw. quer zu den Nähten des Balles gelegt (Abb. 23/24).
Die Hand wird bei gleichzeitiger Drehung des Balles mit den Fingern nach vorne gebracht.
Während dieser Bewegung wird der Ball mit dem Daumen über den Zeige- und Mittelfinger abgerollt, wobei eine Drehung des Balles im Fluge erreicht wird, die diesen bei Verlangsamung der Fluggeschwindigkeit in eine seitliche Richtung bzw. zum plötzlichen Absinken bringt.

Eephusball (Bogenball)

Der Eephusball, auch Blooper-Ball genannt, ist einer der absonderlichsten Würfe, die es im Baseballsport gibt.
Der Ball wird hierbei vom Werfer ohne großen Kraftaufwand ca. 3-4 Meter in Richtung des gegnerischen Schlägers in die Luft geworfen, mit dem Ziel, daß der Ball aus dieser Höhe steil in die Strikezone herabfällt.
Dieser Wurf wurde erstmals von Rip Sewell (Pittsburgh) im Jahre 1940 angewandt und erhielt seinen Namen von dessen Teamkameraden Maurice Van.
Dieser Bogenball wird noch heute angewandt, obwohl er von den Zuschauern wegen seines unorthodoxen Fluges oft belächelt wird. Der Veteranen-Werfer Dave La Roche von den New York Yankees ist noch heute für diesen Wurf bestens bekannt.

g) Junkball

Hierunter versteht man einen weich und langsam geworfenen Ball, der plötzlich seine Flugbahn ändert oder seine Geschwindigkeit verliert, bevor er die Strikezone durchquert und daher für den Schläger (Batter) schlecht zu berechnen ist.
Einer der besten Junkball-Werfer war Eddie Lopat von den New York Yankees.

Abb. 23-26

3. Die Wurftechnik

a) Kontrolle

Der Werfer mit der besten Kontrolle ist immer erfolgreich, wenn er den Ball an die Stelle der Wurfzone (Strikezone) wirft, die dem schwächsten Punkt des gegnerischen Schlägers entspricht. Dies setzt eine gewisse Kenntnis über die Technik des Gegners voraus, die in der Regel den einschlägigen Statistiken entnommen werden kann.

b) Standfuß

Die Aussage, der Werfer müsse auf dem Werferhügel, d. h. auf der Werferplatte (Pitcher-Rubber) stehen, wird von vielen Coaches falsch interpretiert. Richtig ist, daß der Werfer seinen Fuß vor die Platte stellt und mit der Ferse einen Kontakt zu dieser herstellt.
Setzt der Werfer seinen Fuß **auf** die Pitcherplatte, hat er aufgrund der Spikes oder Nocken an seinen Schuhen keinen sicheren Stand und somit keine Kontrolle über den Wurf, was zur Folge hat, daß sein Körper bei der Bewegung (Wind-up) aus dem Gleichgewicht gerät.

c) Zielwurf

Das Ziel jedes Wurfes eines Pitchers ist grundsätzlich der Handschuh des Fängers. Das Drehen des Kopfes während der Wurfbewegung sowie das Abwenden des Blickes von diesem Ziel führt meist zu einem Fehlwurf (Ball).

d) Fingerdruck

Für eine gute Kontrolle des Wurfes ist es weiterhin wichtig, daß der Werfer den Fingerdruck sowie das Anlegen der Finger am Ball beim Wurf einigermaßen konstant beibehält. Eine Veränderung des Fingerdruckes auf den Ball führt zu unkontrollierten, unberechenbaren Würfen.

e) Körperbewegung

Falsche Körperbewegungen während des Wurfes sind ebenfalls Gründe für eine schlechte Kontrolle beim Wurf. Bei rechtshändigen Werfern befindet sich der rechte Fuß an der Pitcherplatte. Zieht man eine imaginäre Linie von diesem Standfuß in Richtung der Zielplatte zum Fänger, so darf der linke Fuß, der den Streckschritt in Richtung Zielplatte und Fänger ausführt, nicht rechts von dieser Linie aufgesetzt werden. Analoges gilt für den linkshändigen Werfer, der seinen rechten Fuß nicht links von der zuvor beschriebenen imaginären Linie aufsetzen darf.

f) Übung

Bei der folgenden Übung ist besonders auf die Haltung des Oberkörpers zu achten! Dieser darf während der Wurfbewegung niemals in gestrecktem Zustand in eine Ruhestellung geraten. Vielmehr muß die Bewegung soweit ausgeführt werden, daß der Wurfarm den Boden fast berührt. Wird der Oberkörper dabei nicht entsprechend gebeugt, führt dies auf Dauer zu oft irreparablen Schäden der Schulter- und Armgelenke.
Zur Vermeidung eines falschen Bewegungsablaufes wird nachfolgend eine Übung vorgeschlagen, die von jedem Werfer durchgeführt werden kann:
Unter Aufsicht des Coaches führt der Pitcher die Wurfbewegung in stark verlangsamter Form, also praktisch in „Zeitlupe", aus. Hierbei hält er einen Gegenstand (z.B. ein kleines Holz- oder Plastikstück) als trainingsunterstützendes Hilfsmittel in der Hand. Der Werfer läßt nun diesen Gegenstand an der Stelle fallen, an der seine Wurfhand den Boden fast berührt. Alle nachfolgenden Würfe mit dem Ball werden dann so ausgeführt, daß der Werfer das am Boden liegende Hilfsmittel zum Abschluß seines Wurfes mit dem Wurfarm berührt.

g) Fingerhaltung beim Griff des Balles

Bei Werfern, die den Ball mit einer Armbewegung über den Kopf werfen, sollten Zeige- und Mittelfinger beim Wurf quer zu den Nähten am Ball liegen. Dies ermöglicht dem Werfer einen sicheren Ballkontakt. Außerdem gerät der Ball durch diese Grifftechnik beim Verlassen der Hand in eine Rotation, die ihn bei abnehmender Fluggeschwindigkeit „hüpfen" läßt oder seine Flugrichtung seitlich bzw. nach unten verändert.

Wird der Ball so gehalten, daß sich die Finger parallel zu den Nähten befinden, verliert er beim Wurf sehr stark an Rotation und überquert die Zielplatte (Homeplatte) bei einem gut kontrollierten Wurf in gerader Linie.
Bei sogenannten Side-Arm-Pitchern, also Werfern, die den Arm mit dem Ball waagerecht zur Schulter bewegen, sollten die Finger den Ball an den Nähten und nicht quer zu diesen halten. Der Grund für die Anwendung dieser Technik besteht darin, daß der Werfer den Ball in einem seitlichen Winkel zu Zielplatte und Schläger wirft, was bereits zu einer natürlichen Flugkurve bzw. zu einem Abfallen in seitlichem Winkel führt.
Hier gilt stets der Grundsatz: ,,Greife den Ball niemals an der glatten Fläche des Leders. Suche immer eine Naht mit den Fingerkuppen, denn nur eine Hand mit gutem Halt am Ball kann Garant für einen kontrollierten Wurf sein.''

4. Bewegungsabläufe beim Wurf

a) Allgemeines

Der Werfer kann seine letztendlich zum Wurf führende Bewegung so ausführen, wie es die jeweilige Spielsituation gerade erfordert. Dabei kann er zwischen der Wind-Up- sowie der Set-Up-Position wählen. Beide Positionen dienen der praktischen Umsetzung einer Regel, die dem Werfer vorschreibt, vor der Ausführung seines Wurfes zu einem vollständigen Bewegungsstop der Arme zu kommen. So verschränkt der Werfer seine Arme, nachdem er den Standfuß an die Werferplatte gesetzt hat, mit einer Art Pumpbewegung vor der Brust. Nachdem er einen kurzen Augenblick in dieser Position verharrt, beginnt der Ablauf der eigentlichen Wurfbewegung (Abb. 27/28).
Grundsätzlich hält der Werfer seinen Wurfarm bei beiden Positionen hinter der Hüfte. Von dort aus bewegt er diesen Arm vor seinen Körper, wobei die den Ball haltende Hand hinter dem Handschuh verborgen wird, um zu verhindern, daß der gegnerische Schlagmann erkennen kann, welche Wurfart vom Werfer gewählt wurde. Schon der Griff des Werfers kann einem erfahrenen Schlagmann die Taktik des Werfers deutlich machen.
Zusammenfassend bringt der Werfer bei dieser Aktion beide Arme vor den Körper, wobei die den Ball haltende Hand eine kurze Zeit lang in den Handschuh gelegt wird. In dieser Stellung kommt es zu einem kurzfristigen vollständigen Bewegungsstillstand.

1. FULL WIND-UP (FRONTALE POSITIONIERUNG)

Befindet sich **kein** gegnerischer Läufer auf einem Mal, so steht der Werfer dem gegnerischen Schlagmann frontal gegenüber.

2. SET-UP

Befindet sich **ein** Läufer auf einem Mal, so stellt sich der Werfer seitlich zum Schlagmann.

ERKLÄRUNGEN ZUR SET-UP POSITION

Der Werfer hat bedingt durch seine überaus günstige seitliche Positionierung die Möglichkeit, zu einem der verschiedenen, von gegnerischen Läufern besetzten Malen zu werfen, um den Gegner entweder AUS zu werfen oder ihn wenigstens so lange wie möglich an dem Mal festzuhalten.

Abb. 27-30

Abb. 31/32

Ein weiterer Vorteil der seitlichen Positionierung besteht darin, daß der hieraus resultierende Bewegungsablauf bedeutend schneller vonstatten geht als bei der frontalen Positionierung. Da ein gegnerischer Läufer ein Mal grundsätzlich nur während der Wurfbewegung des Pitchers „stiehlt", versteht es sich von selbst, daß der kürzeste Bewegungsablauf gleichzeitig auch der sicherste ist. Befindet sich der Fuß des Werfers bereits an der Pitcherplatte, darf der Werfer eine schon begonnene Wurfbewegung (z. B. in der Wind-Up-Phase) nicht mehr abbrechen, um zu einem Mal zu werfen, das von einem gegnerischen Läufer besetzt wurde (siehe hierzu auch BALK).

b) Die Werfertypen

Man unterscheidet drei verschiedene Werfertypen:

1. Besonders hart werfende Spieler, die eine Kurve in ihren Wurf integrieren.
2. Kontrolliert und gerade werfende Spieler, die nur das vom Fänger vorgegebene Ziel anvisieren.
3. „Freak-Werfer", die rechts- und linksdrehende Kurven, Bogenbälle, Spreizfingerbälle, Knöchelbälle und leicht brechende Kurven beschreibende Bälle werfen.

Abb. 33/34 **STAND** **BEIN-SCHWUNG**

DER HART WERFENDE PITCHER

Der hart werfende Pitcher besitzt von Natur aus gute Voraussetzungen. Er verläßt sich ausschließlich auf seine Kraft.
Er kann den Ball mühelos über die Zielplatte werfen. Aufgrund des ihm verliehenen Dralls fliegt der Ball entweder links oder rechts am Mittelpunkt der Platte vorbei, so daß der Schlagmann die Flugbahn häufig nicht exakt genug vorausberechnen kann, um den Ball optimal zu treffen. Nicht selten wird er von dem Infield-Spieler dann auch sofort AUS geworfen.
Grundsätzlich ist jeder Werfer schlagbar, wenn der entsprechende Schlagmann gegen ihn eingesetzt wird.
So wie es Schlagmänner gibt, die sich hervorragend auf die Würfe des hart werfenden Pitchers einstellen können, gibt es andere, die die Technik des Freak-Werfers oder des kontrolliert werfenden Pitchers bevorzugen. Hier ist es Aufgabe des Trainers, den seines Erachtens nach effektivsten Werfer einzusetzen.

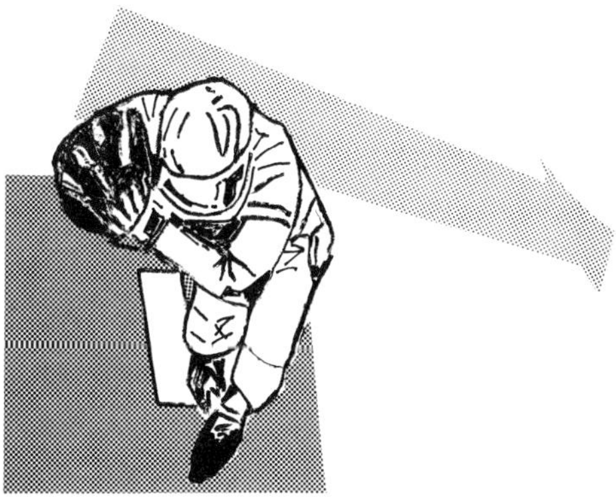 

Abb. 35/36 SCHULTERRICHTUNG BLICKRICHTUNG

DER KONTROLLIERT WERFENDE PITCHER

Der kontrolliert werfende Pitcher bringt den gegnerischen Schlagmann aus dem Gleichgewicht, indem er den Ball hoch, tief, links, rechts, schnell oder langsam über die Platte wirft.
Voraussetzungen für das Gelingen derart kontrollierter Würfe sind ein überdurchschnittliches Ballgefühl, entsprechende Kenntnisse der Technik des Gegners sowie die Gabe, einschätzen zu können, welche Spielsituationen bestimmte Würfe zur Folge haben könnten.

DER FREAK-WERFER

Der Freak-Werfer wird eingesetzt, wenn sich die gegnerische schlagende Mannschaft auf die beiden zuvor genannten Werfer eingestellt hat.
Der Freak-Werfer wirft die Bälle links und rechts, absinkend oder aufsteigend, flatternd, langsam oder schnell über die Platte.

Stünde einer verteidigenden Mannschaft ein Spieler zur Verfügung, der alle Wurfarten der drei verschiedenen Pitchertypen beherrschte, so hätte sie zweifelsohne den idealen Werfer in ihren Reihen.
Grundsätzlich sollte jeder Pitcher folgende Würfe in seinem „Standardrepertoire" haben:

1. Einen schnellen geraden
2. Einen langsamen geraden
3. Eine schnelle Kurve
4. Eine langsame Kurve

c) Fehler im Bewegungsablauf (BALK)

Der Schiedsrichter verhängt ein Balk (Strafe), wenn sich ein gegnerischer Läufer auf einem Mal befindet und der Werfer einen Fehler im Bewegungsablauf begeht. Der oder die Läufer auf den Malen erhalten einen freien „Gang" zum nächstgelegenen Mal zugesprochen.
Befindet sich jedoch kein Läufer auf dem Mal, so wird die Aktion des Werfers als Fehlwurf (Ball) geahndet.

Abb. 37/38 SCHRITT-ÖFFNUNG HANDBEWEGUNGEN

ARTEN DER REGELVERSTÖSSE DER WERFER

In den nachfolgend beschriebenen Situationen liegen Regelverstöße vor:

Situation 1
Der Werfer vollendet den vorgeschriebenen Bewegungsablauf, um zum Fänger zu werfen, wirft den Ball letztendlich jedoch nicht. Der Standfuß wurde dabei nicht von der Pitcherplatte genommen.
Ausnahme: Der Schiedsrichter hat zuvor "TIME" oder "NO PITCH" (Auszeit oder annulierter Wurf) gerufen.

Situation 2
Der hintere Standfuß berührt nicht die Werferplatte, und der Pitcher wirft dennoch zum Fänger.

Situation 3
Der Werfer täuscht vor, den Ball zu haben und setzt den Standfuß an die Werferplatte, ohne sich jedoch in Wirklichkeit in Ballbesitz zu befinden.

Situation 4
Der Werfer hält den Ball absichtlich zu lange fest, um auf diese Weise den Spielbetrieb aufzuhalten (Spielverzögerung).
Hierüber entscheidet der Schiedsrichter nach einer angemessenen Zeit (ca. 20 Sekunden).

Situation 5
Der Werfer läßt den Ball während der Wurfbewegung fallen.

Situation 6
Der Werfer kommt vor der Ausführung des Wurfes nicht zu dem vorgeschriebenen kurzen, vollständigen Bewegungsstop (complete stop).

Situation 7
Der Werfer täuscht einen Wurf zum ersten Mal an, nachdem er seinen Fuß bereits an die Werferplatte gesetzt hatte. Er wirft jedoch nicht.

d) Der Pitcher als Innenfeldspieler

Es gibt Spielzüge der schlagenden Mannschaft, bei denen der gegnerische Schlagmann den Ball in Richtung des dritten Males vom Schläger „abtropfen" läßt (BUNT). In einem solchen Fall muß sich der Werfer durch Absprache oder Blickkontakt vergewissern, ob sein Teamgefährte am dritten Mal den Ball aufzunehmen versucht oder dies dem Werfer überläßt.

Nimmt ein Spieler den Ball am dritten Mal auf, während sich ein Läufer der gegnerischen Mannschaft am zweiten Mal befindet, so deckt der Werfer das dritte Mal ab.
Diesen Werfer bezeichnet man auch als fünften Innenfeldspieler.
Er steht in einer idealen Position, um einen Ball, der in Richtung des zweiten Males geschlagen wird, zu stoppen und diesen zur Vorbereitung eines AUS zum ersten Mal oder aber zum zweiten Mal zu werfen, um dort ein „Doppel-AUS" (Double-Play) zu erreichen.
Wird der Ball in Richtung des ersten Males geschlagen, und läuft der Verteidiger (hier: Firstbaseman), um den Ball zu erreichen, so muß der Werfer das erste Mal abdecken, den vom Firstbaseman zu ihm geworfenen Ball auffangen und sodann durch das Berühren des Mals ein AUS herbeiführen.
Wird ein Ball vom Thirdbaseman in Richtung des Fängers geworfen, so muß der Werfer in Richtung des Zielmals (Homeplate) laufen, um den Fänger im Falle eines eventuellen Fehlwurfes abzudecken.
Weiterhin deckt der Pitcher bei einem Wurf aus dem Außenfeld (Centerfielder) auch den Secondbaseman ab.

e) Der Run Down

Der gegnerische Läufer wird zwischen zwei Malen von einem Wurf des Pitchers überrascht, jedoch nicht abgeschlagen. In dieser bedrängten Situation versucht er, entweder das zurückliegende oder aber das nächste Mal zu erreichen.
Die verteidigenden Spieler an den beiden Bases, zwischen denen sich der gegnerische Läufer befindet, nehmen diesen nun in die „Zange". Dies geschieht, indem sie den Läufer durch abwechselndes Zuwerfen solange in die Enge treiben, bis er von einem der beiden Verteidiger AUS geschlagen werden kann.

f) Die häufigsten Fehler und Schwächen der Werfer

1. Mangelnde Kondition
2. Unzureichende Ballkontrolle
3. Falsche Fingerhaltung bei den Würfen
4. Schwache Kurvenbälle
5. Fehlendes Variieren der Wurfgeschwindigkeiten
6. Nicht Abdecken des ersten Males
7. Kein durchgehender Bewegungsablauf
8. Unkonzentriertes Werfen (wild pitch)

9. Abwenden des Blickes vom Ziel während des Wurfes
10. Vergebliches oder nicht vorhandenes Bemühen, den Läufer am Mal festzuhalten

g) Wurftaktik gegen Schlagmänner mit unterschiedlicher Technik

Typp: Der Uppercut-Schlagmann. Er erinnert in seiner Bewegung an einen Golfspieler. Er bevorzugt tief geworfene Bälle.
Taktik: Den Ball über die Gürtellinie werfen.

Typ: Der schnell schwingende Schlagmann. Er bevorzugt hart und schnell geworfene Bälle.
Taktik: Langsame Kurven werfen.

Typ: Der Schlagmann, der beim Ausholen den Kopf zur Seite dreht. Er kann leicht überlistet werden.
Taktik: Langsame gerade- oder Kurvenbälle an die äußerste Begrenzung der Strike-Zone werfen.

Typ: Der Schlagmann, der den Schläger an dessen äußerstem Ende hält.
Taktik: Hier sollten gerade und hohe Bälle direkt auf den Mann geworfen werden, die kurz vor dem Schlagmann noch einmal von ihrer bisherigen Flugbahn abweichen.

Typ: Ein gegnerischer Schlagmann, der den Schläger hoch und sehr nah am Körper führt.
Taktik: Schnelle, gerade auf die Innenseite des Schlägers geworfene Bälle, aber auch Kurvenbälle erweisen sich in diesem Fall meist als adäquates Mittel.

Typ: Der Schlagmann, der aufrecht im Schlagraum steht.
Taktik: Hier sollten die Bälle möglichst tief geworfen werden.

Typ: Der Schlagmann, der nahe an der Zielplatte steht.
Taktik: Die Bälle auf der Innenseite der Wurfzone nahe zum Körper werfen.

Typ: Der Schlagmann, der weit von der Zielplatte entfernt steht.
Taktik: Den Ball über die äußerste Eckbegrenzung der Zielplatte in die Strikezone werfen.

Typ: Der Schlagmann, der stets einen großen Schritt zum Ball ausführt. Dieser nimmt sich bei höher geworfenen Bällen selbst die Möglichkeit, zu treffen.
Taktik: Den Ball nach Bedarf langsam oder schnell über die Gürtellinie werfen.

Typ: Der unkonzentrierte Schlagmann. Ihm fehlt in der Regel jegliches Konzept.
Taktik: Die Würfe variieren. Häufig Geschwindigkeit, Richtung und Höhe ändern.

Typ: Der unentschlossene Schlagmann. Er zögert häufig und schwingt nicht voll durch.
Taktik: Den Ball gerade und fest über die Mitte der Platte werfen.

Typ: Der kontrolliert schlagende Schlagmann. Er schlägt die Bälle kontrolliert und plaziert.
Taktik: Verschiedene Geschwindigkeiten und Wurfarten ausprobieren, um den Schlagmann aus dem Rhythmus zu bringen.

h) Hinweise zur Ballkontrolle

Die gefährlichste Waffe eines Werfers ist seine Ballkontrolle, ohne die er kaum ein Spiel gewinnen kann.
Freiläufe, die der Werfer dem gegnerischen Schlagmann gestattet, sind ein Zeichen von mangelnder Technik oder Schwäche.
Unter Ballkontrolle versteht man das Plazieren des Balles an einem bestimmten, zuvor als geeignet befundenen Punkt.
Steht der Werfer beispielsweise einem Schlagmann gegenüber, dessen Schwächen er kennt, so sollte er diese Erkenntnis nutzen und seine Würfe im Bewußtsein ihrer zu erwartenden Wirkung plazieren.
Manchen Werfern scheint diese Ballkontrolle in die Wiege gelegt worden zu sein, andere müssen sie sich erst im Training durch harte Arbeit aneignen.
Bei der Erlangung und Vervollständigung der Ballkontrolle erweist sich das eigene Selbstvertrauen stets als das beste Rezept.
Wirft ein Pitcher ständig links oder rechts neben die Platte, so sollte er seinen Bewegungsablauf und seine Fußstellung entsprechend korrigieren. Oftmals liegt der Grund für einen ungenauen Wurf einzig und allein in dem Schritt, der in Richtung der Platte ausgeführt wird.

i) Selbstkontrolle

Der Werfer muß sich selbst unter Kontrolle haben und darf sich niemals aus der Ruhe bringen lassen.
Weder Fehler der eigenen Mannschaft noch Zurufe der Zuschauer und der gegnerischen Mannschaft oder zweifelhafte Schiedsrichterentscheidungen dürfen ihn in seiner Konzentration stören. Im Idealfall gelingt es dem Werfer sich kurzfristig in einen tranceähnlichen Zustand zu versetzen, der ihn gegen äußere Einflüße abschirmt.

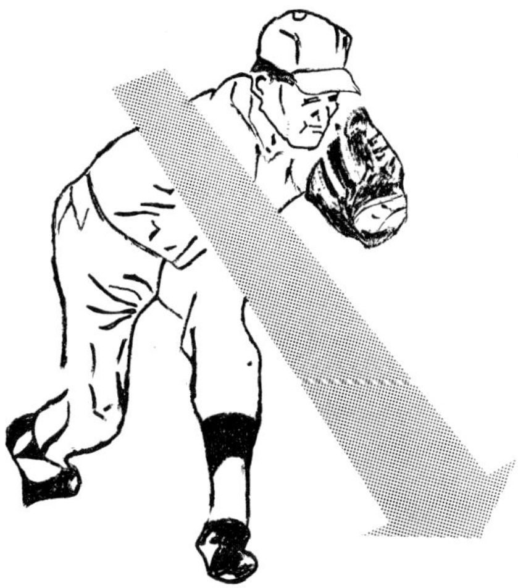

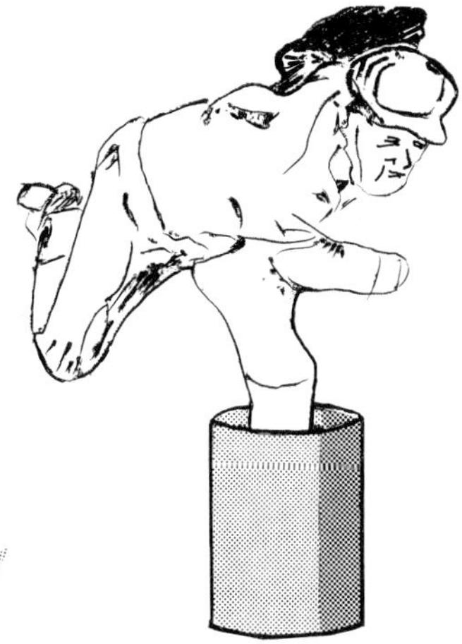

Abb. 39/40 WURF-BEWEGUNG FUSS-STELLUNG (STANDBEIN)

ZU BEACHTENDE GRUNDREGELN

1. Das anvisierte Ziel darf niemals aus den Augen gelassen werden. Als Ziel sollte das linke oder rechte Knie, die linke oder rechte Schulter sowie der Fanghandschuh des Catchers ausgewählt werden.
2. Der Pitcher sollte nicht auf, sondern vor der Werferplatte stehen. Er muß mit dem Standfuß lediglich den Kontakt zur Platte aufrechterhalten.
3. Während des Wurfes hat der Pitcher darauf zu achten, daß er den Schwung aus dem Standbein, also dem hinteren mit der Platte in Kontakt stehenden Bein, holt, sein ganzes Gewicht in den Wurf verlagert und den nach vorne zu setzenden Fuß beim Ausfallschritt mit der Fußspitze gerade in Richtung des Catchers (Homeplate) setzt.

k) Grundregeln und Techniken des Wurfes

Für den Wurf ist es von elementarer Wichtigkeit, die richtige Fingerhaltung am Ball zu beherrschen.
Zeige- und Mittelfinger können entweder quer über oder auf die Naht gelegt werden. Diese beiden Grundtechniken sind Voraussetzung für jeden gerade geworfenen Ball.

l) Aufwärmen des Werfers (Warm Up)

Beim Aufwärmen ist darauf zu achten, daß der Werfer bei kaltem Wetter während der ersten 15 Minuten nicht mehr als 50 Prozent der ihm zur Verfügung stehenden Wurfkraft einsetzt.
Bei warmem Wetter kann auf 60 bis 70 Prozent der Wurfkraft zurückgegriffen werden. Auf diese Weise wird der Körper langsam aber konstant an seine Höchstleistung herangeführt. Die Muskulatur wird locker, Zerrungen und anderen Muskelverletzungen wird vorgebeugt.
Nach dem Warmwerfen sollte der Pitcher noch einmal alle Würfe seines Repertoires ausprobieren.
Treten jedoch Schmerzen im Arm auf, sollte der Werfer seinen Trainer unbedingt sofort informieren, um schwereren und möglicherweise langwierigen Verletzungen vorzubeugen. Falsches Heldentum kann gefährlich sein, denn nur allzuschnell setzt eine Verletzung einen Pitcher monatelang außer Gefecht.
Bereits beim Warm Up, also vor Spielbeginn, sollte der Werfer die Windverhältnisse prüfen, um sie sich später gewinnbringend zunutze machen zu können. So wirkt sich ein kräftiger Rückenwind beispielsweise positiv auf die Wucht und Härte eines gerade geworfenen Balles aus, während ein böiger Gegenwind den eigenen Kurvenball in dessen Flugverhalten begünstigt. Achtet man auf die zuvor genannten Gegebenheiten, verschafft man sich die besten Voraussetzungen für wirkungsvolle Würfe.
Schon beim Aufwärmen vor dem Spiel sollte der Werfer stets versuchen, sein Ziel zu treffen. Wer hier halbherzig zur Sache geht, wird es im späteren Spiel besonders schwer haben, auf Anhieb die erforderliche Höchstleistung zu erbringen.

IX. Der Schlagmann (BATTER)

1. Voraussetzungen

Die wichtigsten Voraussetzungen für das Gelingen eines Schlages sind eine korrekte Körperhaltung sowie ein optimales Greifen des Schlägers (BAT). Rechtshänder schlagen überwiegend in den Bereich zwischen dem zweiten und dritten Mal, während Linkshänder den Ball in der Regel zwischen dem ersten und zweiten Mal plazieren. Dieser Hinweis ist lediglich als Anhaltspunkt zu verstehen, da bei der Ausführung des Schlages auch die nachfolgend genannten Faktoren (siehe a-d) in die taktischen Überlegungen miteinbezogen werden müssen.

Nun einige Hinweise für den Baseballspieler, die ihm helfen sollen, als Schlagmann die Schlagzone (STRIKEZONE) richtig einschätzen zu können:

a) Beobachte und merke Dir, welche geworfenen Bälle der Schiedsrichter als STRIKE und welche er als BALL wertet.
b) Bevorzugt er die konsequent tiefer geworfenen Bälle zwischen Gürtellinie und Kniescheibe?
c) Bevorzugt er die in mittlerer Höhe geworfenen Bälle zwischen Achselhöhle und oberhalb der Kniegelenke?
d) Ein guter Schiedsrichter bleibt in seiner Bewertung der Strikezone konstant. Dies ermöglicht dem Schlagmann, sich auf die zu erwartenden Schiedsrichterurteile einzustellen. Dadurch bleibt ihm die Enttäuschung erspart, daß er wegen Mißachtung dieses Umstandes, die vom Pitcher geworfenen Bälle zu hoch oder zu tief einschätzt.

2. Die Auswahl des Schlägers (BAT)

Die Auswahl des Schlägers (BAT) sollte unter Berücksichtigung der eigenen Körpergröße sowie der realistisch eingeschätzten Schlagkraft vorgenommen werden. Je kräftiger der Schläger geschwungen wird, desto schneller fliegt der Ball. Der Handel bietet Schläger in verschiedenen Längen (29 bis 35 inches) an. Ausgewachsenen Spielern ist die Verwendung von Schlägern zwischen 33 und 34 inches Länge zu empfehlen.

3. Das Greifen des Schlägers

Der Schläger sollte mit dem kleinen, dem Mittel- sowie dem Ringfinger in beiden Händen gehalten werden. Mittels einer solchen Grifftechnik kann das bestmögliche Ausbalancieren des Schlägers erreicht werden. Während bei Rechtshändern die linke Hand am unteren Ende des Griffes liegt, greifen Linkshänder entsprechend mit der rechten Hand. Sollte der Schlagmann einen längeren Schläger verwenden, so läßt sich das erforderliche Ausbalancieren erreichen, indem der Schläger etwas kürzer, d.h. ein bis zwei Zentimeter oberhalb des Griffendes gehalten wird.
Der Schläger sollte niemals zwischen den Ballen beider Hände gehalten werden. Ebenso sollte der Schlagmann vermeiden, den Schläger mit den Daumen abzustützen, da dies zu einer Übertragung von Vibrationen auf den Körper sowie zu Verletzungen führen kann.

Abb. 41/42

Abb. 43-45

4. Die Techniken des Schlagmanns

Man unterscheidet insgesamt vier verschiedene Schlagtechniken:

a) Der **gerade** Schwung (Pullhitter): Hierbei wird der Schläger in einem rechten Winkel zum Boden und waagerecht zum Körper nach vorne geschwungen. Die auf diese Weise geschlagenen Bälle sind für die defensive Mannschaft nur sehr schwer zu berechnen, da der Ball je nach dem Punkt des Auftreffens auf den Schläger (untere Hälfte, Mitte oder obere Hälfte) eine andere Flugrichtung einschlägt.

b) Der **Aufwärtsschwung** (Uppercut): Der Schläger wird bei dieser Technik von unten nach oben schwingend unter den geworfenen Ball gebracht.

c) Der **frühe** Schwung: In diesem Fall wird der Schläger sehr früh geschwungen. Die Folge ist, daß der Ball, von Rechtshändern getroffen, eine Flugbahn entlang der linken, bei Linkshändern entlang der rechten Spielfeldbegrenzung einschlägt.

d) Der **späte** Schwung: Hierbei wird der Schläger äußerst spät geschwungen. Ein derart getroffener Ball landet, von Rechtshändern geschlagen in der linken, von Linkshändern geschlagen, in der rechten Spielfeldhälfte.

Abb. 46/47

5. Die Schulterhaltung beim Schlag

Der erfahrene Schlagmann erkennt bereits am Bewegungsansatz des Pitchers, ob dieser zum ersten Base oder in Richtung des Fängers werfen will. Hierzu verhilft ihm die Beobachtung der linken Schulter des Werfers, die entweder unbewegt bleibt, wenn dieser nach vorne, also zum Catcher, wirft, oder um 90 ° gedreht wird, wenn das erste Mal angeworfen wird.
Bleibt die Schulter unbewegt, so weiß der Läufer, daß ihm die Möglichkeit eröffnet wird, das zweite Mal zu stehlen. Ist jedoch der Ansatz einer nachfolgenden Schulterdrehung zu erkennen, so ist dies für den Läufer das entscheidende Signal, an sein Base zurückzukehren.
Der Läufer am zweiten Mal richtet seinen Blick nicht auf die Schulter sondern auf die Beine des Werfers, die ihm Aufschluß über eine eventuell nachfolgende 180 °-Körperdrehung des Pitchers geben, sofern dieser die Absicht hegt, zum Second Base zu werfen.

Ähnlich wie am First Base verhält sich die Situation auch am dritten Mal. Kommt hier jedoch ein linkshändiger Werfer zum Einsatz, so achtet der Läufer auf dessen **rechte** Schulter.
Ein häufig zu beobachtender folgenschwerer Fehler der Werfer besteht darin, daß sie das vordere Bein beim Ausholen zum Wurf viel zu hoch anziehen. Diese oft sehr übertrieben ausgeführte Bewegung kostet wertvolle Zeit, die dem gegnerischen Läufer nicht selten den entscheidenden Vorsprung verschafft.

Die häufigsten Schwächen und Fehler des Schlagmannes

a) Der Schlag erfolgt zu schnell und dadurch unkontrolliert.

b) Der Schlagmann dreht beim Schlag den Kopf zur Seite.

c) Der Schlagmann geht mit einem zu großen Schritt auf den herannahenden Ball zu.

d) Der Schlagmann agiert unkonzentriert und nervös.

e) Der Schlagmann zieht den Schläger nicht voll durch.

f) Der Schlagmann entfernt sich einen Schritt von dem herannahenden Ball.

Abb. 48

X. Der Catcher (Fänger)

1. Allgemeines

Der Catcher hockt als einer der wichtigsten Spieler im Innenfeld hinter dem gegnerischen Schlagmann. Er ist sozusagen der Kopf der verteidigenden Mannschaft. Bedingt durch seine Position hat er eine Übersicht über das ganze Spielfeld wie kein anderer Mitspieler.
Zu den Voraussetzungen eines Catchers zählen gute Reflexe, Schnelligkeit und ein starker Arm.

2. Die Aufgaben des Catchers

Zu den wichtigsten Aufgaben eines Catchers gehört es, dem Pitcher anzuzeigen, welche Wurftaktik er anwenden sollte. Der Catcher gibt die hierfür erforderlichen Zeichen in hockender Stellung, wobei beide Knie in die Richtung des Pitchers weisen. Dabei befindet sich die rechte Hand versteckt zwischen den Oberschenkeln, so daß der gegnerische Schlagmann die an den Pitcher gerichteten Fingerzeichen nicht sehen kann.
Per Fingerzeichen kann der Catcher dem Pitcher beispielsweise folgende Instruktionen erteilen:

- Ein Finger bedeutet Fastball
- Zwei Finger bedeuten Kurvenball
- Drei Finger bedeuten Bogenball

u.s.w.

Eine weitere Aufgabe des Catchers besteht darin, die geworfenen Bälle des Pitchers zu fangen oder zu blocken, denn jeder nicht gefangene Ball kostet die verteidigende Mannschaft ein Mal oder sogar einen Punkt, falls gegnerische Spieler zuvor bereits Male erreicht haben.
Der Catcher muß in der Lage sein, den gegnerischen Schlagmann zu studieren und dessen Technik zu analysieren, um seine Mitspieler über offensichtliche Schwächen und Stärken zu informieren. Von der Übermittlung solcher Erkenntnisse profitiert vor allem der Pitcher.
Nach einem Schlag des Gegners muß der Catcher seine Mannschaftskameraden taktisch dirigieren.

Sollte der Ball zu einem Zeitpunkt, zu dem noch kein Spieler der gegnerischen Schlagmannschaft ein Base besetzt, in das Innenfeld geschlagen werden, so besteht die Aufgabe des Catchers darin, das erste Mal abzudecken.

3. Die Technik des Catchers

Der Catcher sitzt so nah wie möglich an der Zielplatte, wobei er nicht mehr als den Sicherheitsabstand zum gegnerischen Schlagmann einhält.
Er kann die Aktionen des Werfers am besten kontrollieren und manipulieren, indem er dem hinter ihm stehenden Schiedsrichter einen Teil seiner Sicht nimmt.
Der Catcher versucht die Würfe des Pitchers so zu dirigieren, daß sie innerhalb der Wurfzone bleiben. Dies geschieht durch die Positionierung seines Handschuhs, mit welchem er dem Pitcher das Wurfziel vorgibt. Der Wurfarm des Catchers befindet sich hierbei hinter dem Rücken, um auf diese Weise Verletzungen der ungeschützten Hand vorzubeugen.
Er ist durch Maske, Brust-, Schienbein-, Knie- und Unterleibsschutz gegen Fehlwürfe und Fehlschläge geschützt.
Dieser Schutz dient auch dazu, den fehlgeworfenen Ball zu blocken, um gegnerischen Läufern, die sich bereits auf einem Mal befinden, die Möglichkeit zu nehmen, ein weiteres Mal zu stehlen oder einen Punkt zu erzielen.
Der Körper eines guten Fängers befindet sich immer vor dem Ball.
Über Erfolg oder Mißlingen einer Aktion des Catchers entscheidet häufig auch die korrekte Fußstellung.
Wirft der Werfer einen Ball nach rechts außen, so muß der Fänger seinen rechten Fuß während des Wurfes nach rechts setzen, um den Ball auf diese Weise gegebenenfalls stoppen zu können. Analoges gilt für auf die linke Seite geworfene Bälle, die demzufolge mit dem linken Fuß gestoppt werden können. Dies ist eine gängige Methode, um den Ball zu blocken und sofort weiter zu werfen.
Beim Wurf zurück zum Pitcher sollte der Fänger den Ball stets auf die rechte Seite in Höhe der Gürtellinie werfen, um dem Pitcher überflüssige Bewegungen zu ersparen. Bei Linkshändern wirft der Catcher selbstverständlich auf die linke Seite.
Der Fänger erzielt nur dann gute Würfe, wenn er aus einer korrekten Körperhaltung heraus agiert.
Das Gewicht wird bei Rechtshändern auf das rechte Bein verlagert. Das linke Bein weist in Richtung des Wurfziels.

Ein guter Wurf hängt von der Schnelligkeit, der richtigen Beinarbeit, einer korrekten Fußstellung sowie von einem starken Arm ab.

4. Fehlervermeidung beim Wurf des Fängers

Der Fänger sollte stets bedenken, daß ein einziger Schritt bei der Ausführung seines Wurfes ausreicht. Jeder weitere Schritt kostet unnötig Zeit, die der Gegner nutzen wird, um seinem Ziel näher zu kommen. Als Faustregel gilt: „Jeder Schritt des Catchers sind zwei Schritte für den Gegner".
Falls sich ein gegnerischer Läufer an einem Mal befindet, sollte der Fänger gelegentlich dort hinwerfen, um den Läufer daran zu hindern, von dort aus weiteren Raumgewinn zu erzielen.
Bei einem Bunt (ein gegnerischer Schlagmann läßt den Ball vom Schläger abtropfen) ist es wichtig, daß der Catcher den Ball nur mit der Wurfhand aufnimmt. Dadurch spart er die Zeit, die er sonst benötigen würde, um den Ball mit der anderen Hand aus dem Handschuh heraus in die Wurfhand zu nehmen.
Der Catcher sollte sich immer auf seine Innenfeldspieler verlassen können, deren Aufgabe darin besteht, ihm durch Zuruf mitzuteilen, wohin er den Ball mit den größten Erfolgsaussichten zu werfen hat.

5. Pop-Fly

Hierunter versteht man vom Pitcher geworfene Bälle, die vom gegnerischen Schlagmann von unten her angeschnitten werden und dadurch fast senkrecht nach oben oder nach hinten abgelenkt werden.
Für den Catcher ist das Fangen solcher Bälle eine besonders schwierige Aufgabe. Gelingt es ihm, so hat dies das AUS des gegnerischen Schlagmanns zur Folge.
Bei dem Versuch, einen Pop-Fly-Ball zu fangen, erweist sich die Maske als äußerst hinderlich, da sie das Sichtfeld des Fängers sehr stark einschränkt. Sie muß deshalb schnellstmöglich abgeworfen werden.
Hat sich der Catcher von der Maske befreit, wirft er sie grundsätzlich entgegen seiner Laufrichtung zu Boden, um beim Fangen des Balles nicht darüber zu stolpern.
Entscheidende Faktoren, die der Fänger von Flugbällen niemals außer acht lassen darf, sind die Windverhältnisse, Stand und Höhe der Sonne sowie die zur Feldabgrenzung verbleibende Entfernung.

Wird ein Ball in das Innenfeld geschlagen, während kein Mal von einem gegnerischen Läufer besetzt wird, muß sich der Fänger hinter das First Base begeben, um seinen Mitspieler dort bei einem eventuellen Überwurf abzusichern.

6. PITCH OUT (vorsätzlicher Freilauf)

Bei einem vorsätzlichen Freilauf gibt der Fänger dem Werfer ein Zeichen, den Ball vorsätzlich aus der Wurfzone (STRIKEZONE) hinauszuwerfen.
Gründe für eine solche Situation sind:

a) Der Fänger entschlüsselt das gegnerische Signal (steal sign), ein Base zu stehlen und versucht, den an einem Mal befindlichen Gegner sofort AUS zu werfen. Der Fänger befindet sich während eines Pitch Out in aufrechter Haltung, was ihm seine Aufgabe, den entscheidenden Wurf auszuführen, erleichtert.
b) Bei einem HIT-AND-RUN-Zeichen (Schlagen und Laufen) versucht der gegnerische Läufer, der sich auf einem Mal befindet, während des Wurfes das nächste Mal zu stehlen, wobei der Schlagmann den Ball treffen muß. Durch die aufrechte Körperhaltung des Fängers kann eine solche Aktion häufig vereitelt werden.
c) Ein starker gegnerischer Schlagmann kommt an die Reihe, während sich ein gegnerischer Läufer am zweiten Mal befindet. In diesem Fall wird ein Pitch Out durchgeführt, um ein sogenanntes Forced Play zu erzwingen und dem starken Schlagmann die Gelegenheit zu nehmen, in Aktion zu treten. (Bei einem Forced Play gilt es, bei einem Schlag nur das vor dem gegnerischen Läufer liegende Mal zu berühren, sofern der dort befindliche Spieler selbst im Ballbesitz ist.)

7. Abschlagen an der Zielplatte (HOMEPLATE)

Die Ausrüstung des Fängers bietet ausreichenden Schutz, um beim Abschlagen eines in das Zielmal hineinrutschenden gegnerischen Läufers nicht verletzt zu werden.
Um diesen Schutz zu gewährleisten, muß der Fänger den Ball mit der Wurfhand hinter dem Handschuh festhalten. Nur so kann er verhindern, daß ihm der Gegner den Ball aus dem Handschuh herausschlägt, was leicht eine Verletzung zur Folge haben könnte.

8. Der Catcher in der Cut-Off-Situation (Weg-Wurf-Verkürzung)

Der Fänger ruft immer den Mitspieler auf, den er für diesen Spielzug benötigt. Er dirigiert ihn durch Zuruf in die richtige Position. Dieser Spieler übernimmt dann die Funktion einer Zwischenstation und wirft den Ball zum Fänger zurück, wenn ein nicht gefangener Schlag im Außenfeld landet oder sich ein gegnerischer Läufer nach einem Flugball in Richtung des Zielmals bewegt. Den als Zwischenstation (Relay) fungierenden Spieler nennt man Cut-Off-Man.

9. Die häufigsten Fehler und Schwächen des Fängers

a) Er blockt keine Grundbälle.

b) Er ist zu langsam, um zu einem der Male zu werfen.

c) Er benötigt zu viele Anlaufschritte bis zur Ausführung des Wurfes.

d) Er fängt die meisten Pop-Fly-Bälle nicht.

e) Er fängt in hockender Stellung mit beiden Händen.

f) Seine Fingerzeichen sind nicht verdeckt.

g) Er wirft die Maske in seine eigene Laufrichtung.

XI. Der Firstbaseman (Erstes Mal)

Der Firstbaseman sollte hochgewachsen und nach Möglichkeit Linkshänder sein. Er sollte weiterhin schnelle Reflexe haben und einen weiten Ausfallschritt (Stretch) beherrschen.
Die meisten „AUS-Situationen" eines Spiels ereignen sich am ersten Mal. Oft sind gerade hier Entscheidungen erforderlich, bei denen der Schiedsrichter auf Zehntelsekunden zu achten hat. Je größer der Firstbaseman ist, desto mehr Zeit kann er mit einem langen Ausfallschritt zum Ball gewinnen. Nicht selten verhilft ihm ein gelungener Stretch dazu, dem Läufer um den entscheidenden Augenblick zuvorzukommen.

1. Aufgaben

Zu den dem Firstbaseman obliegenden Aufgaben gehört es, Bälle die auf die rechte Seite des Pitchers geschlagen werden, zu fangen oder zu stoppen. Er muß — wie auch seine Mitspieler — die gegnerischen Schlagmänner studieren und einschätzen, um sich selbst optimal in Stellung bringen zu können.
In Erwartung stark schlagender Rechtshänder muß er sich beispielsweise aus seiner Grundposition heraus einige Schritte nach rechts in Richtung des zweiten Males begeben.
Bei linkshändig schlagenden Gegnern sollte er sich so nahe wie möglich am eigenen First Base aufhalten.
Weiß der Firstbaseman, daß der gegnerische Schlagmann besonders laufstark ist, sollte er sich ein bis anderthalb Meter in Richtung des Innenfeldes begeben, um auf diese Weise den Weg zum Läufer sowie zum Mal zu verkürzen.
Eine weitere Aufgabe des Firstbaseman besteht darin, sich mit seinen Teamgefährten zu verständigen. Dies wird beispielsweise erforderlich, wenn der Firstbaseman seine Position verlassen muß, um einen Grundball zu fangen. Er spricht sich in einer solchen Situation mit dem Pitcher oder dem Secondbaseman ab, wer von beiden das First Base sichern soll. Dies kann erforderlich werden, wenn sich ein Läufer auf dem ersten Mal befindet, während ein Pick-off-Play stattfindet (Versuch, einen gegnerischen Läufer an einem Mal „AUS"-zuwerfen).

Abb. 49

2. Pick-off

Weiterhin gehört es zu den Aufgaben des Firstbaseman, den gegnerischen Läufer möglichst lange an das erste Mal zu „fesseln". Dies geschieht, indem er ständig bereit ist, einen vom Pitcher geworfenen Ball zu fangen und seinen Gegner nach Möglichkeit abzuschlagen (Abb. 49).

3. Position und Technik des Firstbaseman

In einer Bunt-Situation (Abtropfen des geworfenen Balles vom Schläger des gegnerischen Schlagmanns) übernimmt der verteidigende Spieler eine besonders schwierige Aufgabe.
Er stellt sich vor den gegnerischen Läufer an das Mal. Sobald der Werfer den Ball zur Zielplatte (HOMEPLATE) wirft, läuft der Firstbaseman in Richtung des Schlagmanns.
Tropft der Ball in seine Richtung ab, so muß er den Ball aufnehmen und das Kommando des Fängers befolgen, der ihm mitteilt, zu welchem Base er den Ball zu werfen hat.

Tropft der Ball jedoch nicht in seine Richtung ab, so sollte er sich möglichst schnell zu seinem Base zurückbegeben, um gegebenenfalls einen dorthin geworfenen Ball annehmen zu können.
Eine weitere Bunt-Situation kann entstehen, wenn sich gegnerische Läufer am ersten und zweiten Mal befinden. Wird der Ball in diesem Fall vom Firstbaseman aufgenommen, so muß er den Ball umgehend zum Third Base werfen. Der Ball sollte von dem Spieler am Third Base nach Möglichkeit in Kopfhöhe gefangen werden können.
Da beide Male besetzt sind, muß der Spieler den Läufer nicht AUS schlagen, sondern lediglich den Ball fangen und das Base vor dem Läufer berühren (FORCED OUT).
Sollte der Ball, bedingt durch einen Fehlwurf, nicht bei gleichzeitigem Kontakt des Firstbaseman zum Mal gefangen werden können, so muß sich dieser von dem Mal lösen, um den Ball zu erreichen. Ein nicht gefangener Ball gibt dem gegnerischen Läufer die Möglichkeit, ein weiteres Mal zu stehlen.
Im Training sollten dem Firstbaseman möglichst viele Grundbälle zugeworfen werden, die kurz vor ihm auf dem Boden auftreffen. Dies trägt wirkungsvoll zur Stabilisierung seiner Fangsicherheit bei.
Bei hoch geworfenen Bällen seiner Mitspieler muß sich der Firstbaseman strecken. Dabei sollte er den Kontakt zum Base aufrechterhalten, um den heraneilenden gegnerischen Läufer AUS zu machen.
Bei extrem hoch geworfenen Bällen muß er jedoch springen, um den Ball zu fangen und so zu verhindern, daß der Läufer ein weiteres Mal erreichen kann.
Wird ein Ball besonders weich in Richtung des First Base geschlagen, sollte eine enge Zusammenarbeit zwischen dem Werfer und dem Firstbaseman stattfinden.
Der Sinn dieser Kooperation besteht darin, daß sich der Werfer des ersten Males annimmt, der Firstbaseman diesem den Ball von unten her in Kopfhöhe zuwirft und das Mal vor dem Läufer berührt.

4. Die Technik des Double Play

Bei einem Läufer am First Base und einem AUS sollte das Infield versuchen, ein Doppel-AUS zu erzielen.
Wird der Ball dem Firstbaseman zugeschlagen, so muß dieser dem Short Stop den Ball in Schulterhöhe über das Second Base zuwerfen.
Nun läuft der Secondbaseman, um das erste Mal zu übernehmen und den Wurf des Short Stops zu fangen.
Ist der Firstbaseman allerdings schnell genug, so kann er sein Mal natürlich auch selbst übernehmen.

Abb. 50/51

Es ist wichtig, daß sich der Werfer und der Secondbaseman einigen, wer von beiden die Deckungsaufgaben übernimmt und wer das Mal bespielt. Wer das Mal zuerst erreicht, bespielt dieses auch!

5. Der Firstbaseman als Cut-Off-Spieler

Viele Mannschaften setzen den Firstbaseman auch als Cut-Off-Spieler (Zwischenstation in Situationen, in denen der Ball in das rechte Außenfeld geschlagen wurde) ein.
Hierbei gilt es, einen Punkt des Gegners zu verhindern, indem der rechte Außenfeldspieler den Ball zu dem Firstbaseman wirft, der diesen, als Zwischenstation fungierend, zum Catcher wirft, um letztendlich einen gegnerischen Läufer AUS zu schlagen.
Eine ähnliche Situation liegt auch dann vor, wenn der Ball in das Innenfeld geschlagen wird, wobei sich der Firstbaseman zwischen dem Werfer und dem Second Base postiert, um den Ball von dort aus zum Fänger weiter zu werfen.
Bei einem Schlag in das linke Außenfeld übernimmt der Thirdbaseman die Funktion des Cut-Off-Spielers.
Bei einem Flugball zwischen dem ersten Mal und dem Catcher muß der Firstbaseman diesem zurufen, daß er den Ball zu fangen beabsichtigt, sofern er der Meinung ist, daß er sich in der günstigeren Position befindet.

6. Häufige Fehler und Schwächen des Firstbaseman

a) Falsche Fußstellung am Mal.

b) Mangelhafter Ausfallschritt.

c) Probleme beim Double-Out-Play.

d) Absprachеschwierigkeiten mit dem Werfer und dem Spieler am Second Base.

e) Probleme beim Fangen von Flugbällen.

f) Probleme mit der Positionierung bei der Bunt-Situation.

g) Fehlerhaftes Cut-Off-Spiel.

h) Probleme bei Grundbällen von rechts und/oder links.

i) Zögern beim Lösen vom Mal.

k) Ungenaue Würfe zur Fängerplatte.

Abb. 52

XII. Der Short Stop

Der Short Stop nimmt eine Schlüsselposition in der verteidigenden Mannschaft ein. Er führt während der Verteidigungsphase die meisten Spielzüge aus und spricht sich mit dem Pitcher, dem Catcher und dem Firstbaseman ab. Seine Aufgaben bestehen außerdem darin:

— Bei einem Grundball das dritte Mal abzudecken;
— die Lücke zwischen dem zweiten und dritten Mal zu decken;
— das zweite Mal gegen linksschlagende Angreifer abzuschirmen sowie dieses in Situationen zu sichern, in denen ein bereits auf dem ersten Mal befindlicher Gegenspieler das zweite Mal zu erreichen versucht.

1. Aufgaben und Beispiele

Wird der Ball zum Secondbaseman geschlagen und versucht dieser ein Double Play (Doppel-AUS) zu erreichen, so wirft er den Ball zum Short Stop. Dieser versucht nun das Mal vor dem gegnerischen Läufer zu berühren und den Ball zum ersten Mal zu werfen. Gelingt es, den Ball vor dem vom Schlagmann zum Läufer gewordenen gegnerischen Spieler zum ersten Mal zu werfen, so nennt man dies ein Double Play.
Wirft der Firstbaseman oder der Secondbaseman zum zweiten Mal, so ist es die Aufgabe des Short Stop, dieses Mal zu decken und zu bespielen.
Es ist wichtig, daß der Short Stop die Zeichen des Catchers erkennt und richtig deutet, um vorhersehen zu können, wohin der gegnerische Schlagmann den Ball schlägt.
Der Short Stop muß im Infield alle Eigenschaften eines Allroundspielers besitzen, wobei ihn insbesondere Schnelligkeit sowie ein fester und sicherer Wurf auszeichnen sollten. Für den Oberarmwurf benötigt er ein Höchstmaß an Präzision und Perfektion.
Zum Repertoire eines guten Short Stop gehören aber auch seitlich angesetzte Wurfvarianten sowie das Beherrschen sicherer Dreiviertel-Oberarmwürfe. In einer Situation, in der er den Ball in gebeugter Körperhaltung gefangen hat, muß er diesen, um ein erfolgreiches Doppel-AUS zu spielen, von der Seite her oder unter Anwendung eines Dreiviertel-Oberarmwurfes zum First- oder Second Base werfen.
Würde er aus einer aufrechten Körperhaltung heraus werfen, wäre der damit verbundene Zeitaufwand viel zu hoch. Ein Doppel-Spiel käme erst gar nicht zustande.

Fängt der Short Stop den Ball in der Nähe des Mals, so muß er zur Einleitung eines Doppel-Spiels dieses Mal selbst bespielen oder den Ball dem Secondbaseman von unten heraus in Kopfhöhe zuwerfen.
Der Short Stop hat zudem die Aufgabe, Bälle zu fangen, die in unmittelbarer Nähe hinter dem Thirdbaseman in die Luft geschlagen werden.
Bei Grundbällen ist es seine Pflicht, den Thirdbaseman abzusichern.
Bälle, die nahe dem dritten Mal geschlagen wurden, stellen besonders hohe Anforderungen an den Short Stop. Fängt er einen solchen Ball, so muß er versuchen, den Gegner mit Hilfe eines sehr weiten Wurfes zum First Base AUS zu machen.
Wurde ein Ball sehr nahe am Werfer vorbeigeschlagen, muß der Short Stop diesen möglichst schnell aufnehmen und ihn dem Firstbaseman von unten her (Unterarmwurf) zuwerfen.
Bei Flugbällen im Infield übernimmt der Short Stop die Aufgabe eines verantwortlichen Koordinators, indem er durch Zuruf bestimmt, wer einen solchen Ball zu fangen hat.
In Situationen, in denen zwei Innenfeldspieler versuchen, den Ball außerhalb des Infields anzunehmen, kann der Short Stop diese Spieler auffordern, den Ball dem heraneilenden absichernden Außenfeldspieler zu überlassen.
Befindet sich ein Läufer am First Base, so muß sich der Short Stop richtig postieren, sofern die Absicht vorliegt, ein Double-Out zu spielen.
In diesem Fall begibt er sich in der Regel in die Nähe des zweiten Mals, jedoch nicht, wenn ein Schlagmann an der Reihe ist, von dem man weiß, daß er häufig in Richtung des Third Base schlägt. In dieser Situation ist es Aufgabe des Secondbaseman, sich in unmittelbarer Nähe des zweiten Mals aufzuhalten, um den Ball möglichst schnell vom Thirdbaseman oder vom Short Stop entgegenzunehmen und das beabsichtigte Double-Out zu spielen.

2. Zeichen bei Stehlversuchen

Bei einem möglichen Stehlversuch teilt der Short Stop dem Secondbaseman durch ein Zeichen mit, wer das Mal absichern wird (d.h., wer den vom Fänger geworfenen Ball entgegennimmt).
Für diese Mitteilung gibt es verschiedene verschlüsselte Zeichen, die nicht sofort vom Gegner interpretiert werden können:
— Mit dem Handschuh über das Gesicht wischen
— an die Mütze greifen
— mit der Hand über die Brust streichen
— an das Ohr fassen usw.

3. Bunt bei einem Läufer auf dem First Base

Findet ein Bunt in Richtung des Werfers oder des dritten Mals statt, während sich ein gegnerischer Läufer am First Base aufhält, muß der Short Stop das Second Base bespielen.
Der Thirdbaseman oder der Werfer nimmt den Ball auf und wirft diesen zum zweiten Mal.
Daraufhin fängt der Short Stop den Ball und muß nur noch das zweite Mal berühren, um den Läufer AUS zu machen. Bei dieser Aktion wird der Short Stop für den Fall eines Fehlwurfes durch den Secondbaseman abgesichert.

4. Grundball in das rechte Außenfeld

Bei einem in das rechte Außenfeld geschlagenen Grundball und keinem Läufer an einem Mal muß der Secondbaseman den Wurf des rechten Außenfeldspielers entgegennehmen, während er vom Short Stop abgesichert wird.
Bei einem in das rechte oder linke Centerfield oder in das linke Außenfeld geschlagenen Ball übernimmt der Short Stop das zweite Mal. Er nimmt den Ball entgegen, während er vom Secondbaseman abgesichert wird.

5. Fehler und Schwächen des Short Stop

1. Unklare Absprache mit den Infieldspielern, wer den Wurf des Pitchers oder Catchers annimmt.
2. Mangelhaftes Abdecken des zweiten Mals
3. Mangelhaftes Abschlagen eines Läufers.
4. Falsche Schrittstellung bei einem Double-Out.
5. Fehlerhaftes Aufnehmen eines langsamen Grundballs.
6. Schlechtes Absichern bei einer Bunt-Situation.
7. Schwierigkeiten bei der Planung und Ausführung eines Double-Play.
8. Probleme beim Fangen von Innenfeld-Flugbällen.
9. Mißverständnisse bei der Absprache, wer eine Cut-Off-Funktion übernimmt.
10. Zeichen des Catchers werden nicht beachtet.

Abb. 53

XIII. Der Secondbaseman

1. Die Aufgaben des Secondbaseman

Zu den Aufgaben des Secondbaseman gehört es, die Lücke zwischen dem First und Second Base abzudecken.
Erfordert es die Situation, so muß er auch den Firstbasespieler bzw. dessen Mal abdecken.
Bei rechtsschlagenden gegnerischen Spielern bespielt er grundsätzlich das zweite Mal.
Weiterhin nimmt er Würfe aus dem rechten Außenfeld entgegen. In dieser Situation übernimmt er die Aufgaben eines Cut-Off-Man (Relay-Station/Wegverkürzer.)
Fängt der Secondbaseman einen Ball zwischen dem ersten und zweiten Mal, so muß er diesen schnell und hart von der Seite her werfen.

2. Die Technik des Secondbaseman

Fängt der Secondbaseman den Ball in der Nähe des zweiten Mals, so sollte er selbst den Versuch unternehmen, ein Double-Out zu spielen und den Ball folglich auch nicht zum Short Stop werfen. Glaubt er jedoch, das Mal nicht mehr rechtzeitig erreichen zu können, wird er den Ball gezwungenermaßen von unten her zum Short Stop werfen.
Bei einem solchen Spielzug ist es wichtig, daß der Secondbaseman das Mal schnell genug erreicht, dieses mit dem linken Fuß berührt und sich, nachdem er den Ball vom Short Stop erhalten hat, wieder schwungvoll von dem Mal abstößt. Seinen rechten Fuß setzt er dabei in Richtung des First Base, zu dem er den Ball aus dieser Bewegung heraus dann möglichst kontrolliert wirft, um auf diese Weise ein Double-Out zu erreichen.

3. Die Schrittkombination am Second Base

Ebenso anwendbar ist eine Technik, bei der der Secondbaseman den linken Fuß über das Mal schleifen läßt, den rechten Fuß parallel zu dem Mal aufsetzt und aus dieser Position heraus zum First Base wirft.

Dieser Technik sollten sich nur erfahrene Secondbasemen bedienen, die die recht schwierige Schrittfolge aufgrund ständiger Übung im Training sicher beherrschen.

4. Die Ballannahme am Second Base

Der Secondbaseman muß den Wurf des Fängers im Einsatz gegen rechtsschlagende gegnerische Schlagmänner bei einem Stehlversuch eines sich am First Base befindenden Läufers entgegennehmen, um diesen Läufer AUS zu schlagen.
Kommt jedoch ein zu spät oder links schlagender gegnerischer Schlagmann zum Einsatz, so ist es die Aufgabe des Short Stop, den Ball am Second Base zu spielen.

Abb. 54

Abb. 55/56

5. Unterschiede zwischen Secondbaseman und Short Stop

Im Unterschied zum Short Stop muß der Secondbaseman zwar eine große Fläche abdecken, doch kann er Bälle, die in Richtung des zweiten Mals gespielt werden mit größerem Zeitaufwand und einem damit verbundenen höheren Maß an Sicherheit werfen, da die von ihm zu überbrückende Wurfdistanz zwischen dem zweiten und ersten Mal vergleichsweise kurz ist.
Desweiteren ist der Secondbaseman für alle Flugbälle zuständig, die hinter das erste oder zweite Mal geschlagen werden, sofern ihm nicht ein Außenfeldspieler mitteilt, daß er den Ball aufgrund seiner günstigeren Position selbst annehmen will. In diesem Fall hätte der Außenfeldspieler den absoluten Vorrang.

6. Das AUS-Schlagen am Second Base

Hierzu wird der Handschuh mitsamt der Wurfhand, in der sich der Ball befindet, vor dem Mal in den Weg des Läufers ausgestreckt, über den dieser das Base durch Laufen oder Hineinrutschen zu erreichen versucht.
Bei dieser Aktion ist darauf zu achten, daß die Wurfhand durch die Polsterung des Lederhandschuhs geschützt wird. Diese Vorsichtsmaßnahme verhindert auch, daß der Ball aus der Hand bzw. aus dem Handschuh herausgeschlagen wird.

7. Das Doppel-Aus im Infieldspiel

1. Situation

Ein Doppel-AUS muß nicht immer am zweiten Mal erfolgen. Es gibt Situationen, in denen der Secondbaseman den Ball zwischen dem ersten und zweiten Mal aufnimmt und der sich am ersten Mal befindende Läufer das zweite Mal zu erreichen versucht.
Der Secondbaseman schlägt diesen Läufer ab und wirft den Ball zum First Base weiter.

2. Situation

Der Secondbaseman kann den Ball auch aus der Luft fangen und ihn sofort zum First Base werfen. Bei einem aus der Luft gefangenen Ball ist der gegnerische Läufer gezwungen, zu dem Ausgangspunkt zurückzukehren, an dem er zuvor stand.

8. Ballkontrolle

Häufig ist es zu beobachten, daß unerfahrene Spieler einen Ball, den sie noch nicht richtig unter Kontrolle haben, überhastet zum First Base werfen und einen Fehlwurf produzieren, indem der Ball am Mal vorbeigeworfen wird. Dadurch kann der gegnerische Läufer das First Base erreichen bzw. ein weiteres Mal stehlen.
Für den Short Stop sowie für den Secondbaseman gilt die Grundregel, einen Ball zuerst vollkommen unter Kontrolle zu bringen, bevor man einen Wurf ausführt.

XIV. Der Thirdbaseman

1. Die Aufgaben des Thirdbaseman

Der Thirdbaseman hat sich in der Regel mit den am härtesten geschlagenen Bällen auseinanderzusetzen. Er muß diese fangen oder stoppen, um den Läufer am First Base AUS zu werfen.
Ferner liegt es in seinem Aufgabenbereich, einen Doppel-AUS-Spielzug zu spielen oder den Schlagmann AUS zu schlagen, der den Versuch unternimmt, vom zweiten zum dritten Mal vorzurücken.
In einer Sonderfunktion betätigt er sich zudem auch als Cut-off-man für den linken Außenfeldspieler mit dem Ziel, einen gegnerischen Punktgewinn zu verhindern. Um diese Aufgabe zu erfüllen, wirft er den gefangenen Ball zum Catcher, der den Läufer daraufhin AUS schlägt.

2. Die Technik des Thirdbaseman

Zur Vorbereitung seiner Aktionen muß sich der Thirdbaseman mit folgenden Fragen auseinandersetzen:

— Welcher Schlagmann kommt zum Einsatz? Wie wird er voraussichtlich agieren?
— Wie schnell ist der gegnerische Läufer?
— Ist ein Bunt zu erwarten?

Bei all seinen Planungen muß der Thirdbaseman den Überblick über die zu erwartenden Spielzüge behalten und sich auf jede mögliche Situation vorausschauend einstellen.
Bei langsamen Grundbällen, die entlang der Thirdbaselinie gespielt werden, muß er bereit sein, diese zu fangen oder aufzunehmen und direkt aus dem Lauf heraus zum First Base zu werfen. Dieser Wurf erfolgt in der Regel von unten her (Unterarmwurf).
In seine Richtung geschlagene Grundbälle sollte er erreichen oder blocken, es sei denn, daß ihm der Short Stop mitteilt, daß er sich für einen solchen Ball zuständig fühlt. In diesem Fall hat der Short Stop immer den absoluten Vorrang.
Liegen zwei AUS vor, während sich jeweils ein Läufer auf dem ersten und dem zweiten Mal befindet, ist es angebracht, den gegnerischen Läufer am zweiten

Mal AUS zu werfen, da die Wurfdistanz für den Thirdbaseman zum zweiten Mal wesentlich kürzer ist als bis zum ersten Mal.
Liegt eine Doppel-AUS-Situation vor, so sollte der Thirdbaseman den Ball möglichst schnell aufnehmen oder fangen und plaziert zum zweiten Mal werfen. Wird ein solcher Ball nicht korrekt oder unplaziert geworfen, bedeutet dies zumeist, daß beide gegnerischen Läufer das nächste Mal sicher (Safe) erreichen werden.

3. Appeal-Situation

Zu den wichtigen Aufgaben des Thirdbaseman und aller anderen Innenfeldspieler gehört es, darauf zu achten, ob die gegnerischen Läufer die Bases bei ihrem Lauf um dieselben auch tatsächlich berühren.
Erfolgte die erforderliche Berührung nicht, kommt es zu einem Appeal (Einspruch). Dieser wird dadurch eingeleitet, daß sich der Werfer vor dem nächsten planmäßigen Wurf zum Fänger in Position begibt und den Ball seinem für das nicht berührte Mal zuständigen Mitspieler zuwirft. Dieser berührt daraufhin das Mal mit dem Fuß.
Diese Aktion veranlaßt den Schiedsrichter nun, eine Entscheidung zu treffen, mit welcher der vorangegangene gegnerische Lauf gültig oder ungültig erklärt wird.

4. Weitere Aufgaben des Thirdbaseman

Der Thirdbaseman sollte den gegnerischen Trainer am dritten Mal ständig im Auge behalten, da dieser seine Läufer in der Regel durch Zeichen zum Stehlen eines Mals auffordert und seinen Schlagmännern Anweisungen zur Durchführung eines Bunts erteilt.
Erkennt der Thirdbaseman eine solche Aufforderung zum Bunt, muß er entscheiden, ob und wann er sich einige Schritte nach vorne in Richtung des Fängers begibt, um die bedrohliche Bunt-Situation so schnell wie möglich in ein AUS umzuwandeln.
Hierbei ist stets auf die Arm- und Fußstellung des gegnerischen Schlagmanns zu achten.
Ein deutliches Anzeichen für einen bevorstehenden Bunt-Versuch liegt dann vor, wenn sich der gegnerische Schlagmann während des Wurfes mit angehobenem Schläger quer zum Werfer postiert.

5. Das Absichern der Male

Befindet sich nur ein gegnerischer Läufer auf dem ersten Mal, so sichert der Thirdbaseman das zweite Mal bei Würfen aus dem Centerfield oder dem rechten Außenfeld ab, wobei er sich ungefähr vier Meter hinter dem Second Base befindet. Der Short Stop übernimmt in dieser Situation das dritte Mal.
Befindet sich jedoch ein Läufer auf dem zweiten Mal, so bespielt der Thirdbaseman weiterhin sein eigenes Base, wobei er von dem Werfer am dritten Mal abgesichert wird.

6. Der Thirdbaseman als Cut-Off

Erfolgt ein Schlag in das linke Außenfeld, während sich ein Läufer auf dem zweiten Mal befindet, postiert sich der Thirdbaseman zwischen dem Außenfeld und dem Fänger derart, daß er den Ball in gerader Linie auf direktem Wege weiterwerfen kann. Dabei übernimmt der Short Stop das dritte Mal, während der Werfer den Fänger sichert.
Für den Fall, daß sich ein am dritten Mal postierter gegnerischer Läufer zu weit von diesem entfernt, sollte der Thirdbaseman ein Zeichen mit dem Fänger vereinbart haben, damit letzterer die Möglichkeit nutzen kann, den unvorsichtigen Läufer AUS zu werfen.

7. Fehler und Schwächen des Thirdbaseman

1. Er erkennt eine Bunt-Situation gar nicht oder zu spät.
2. Unplazierter Wurf zum First Base.
3. Mangelhafte Vorbereitung auf ein Doppel-AUS-Spiel.
4. Die erforderliche Postierung für die bevorstehende Cut-off-Funktion unterbleibt.
5. Falsche Postierung am Mal bei Stehlversuchen.
6. Unplazierter Wurf zum Fänger.
7. Fehlerhaftes oder unterbleibendes Abschlagen des Läufers.
8. Mangelhafte Beherrschung der Flugbälle im Innenfeld.
9. Mißlungenes Blocken bei einem Grundball.
10. Mißverständnisse bei der Absprache mit dem Short Stop.

Abb. 57 Richtig.

Abb. 58 Falsch! Der recht Arm darf sich nicht hinter dem Körper befinden.

XV. Die Innenfeldspieler

1. Voraussetzungen

Die Innenfeldspieler (Firstbaseman, Secondbaseman, Short Stop und Thirdbaseman) sollten die nachstehend aufgeführten Grundvoraussetzungen erfüllen. Sie sollten:

— Sichere Grundball-Fänger sein;
— über hervorragende Reflexe verfügen;
— aus jeder Körperhaltung heraus zu den verschiedenen Malen werfen können;
— einen starken Wurfarm besitzen;
— konditionell hoch belastbar sein.

Alle Innenfeldspieler sollten die technischen und taktischen Spieleigenschaften der gegen sie antretenden Schlagmänner nach Möglichkeit kennen. Da dies jedoch verständlicherweise meist nur bei Spielern der Fall ist, die irgendwann schon einmal gegeneinander gespielt haben (brauchbare Statistiken oder verwertbare Spielerportraits gibt es in der Bundesrepublik Deutschland im Gegensatz zu den USA nur bedingt), müssen die Innenfeldspieler in der Regel über ein gutes Einfühlungsvermögen sowie über eine große Flexibilität in bezug auf die Variierung der eigenen Spielweise verfügen.
Sehr hilfreich ist in jedem Fall die Beobachtung des Gegners beim Aufwärmen. Schon hier werden sich dem Innenfeldspieler auffällige Stärken und Schwächen der einsetzbaren Schlagmänner offenbaren, auf die er sich frühzeitig einstellen kann.

2. Platzverhältnisse

Hier gilt grundsätzlich:
Ist der Boden naß, wird der geschlagene Grundball langsam rollen.
Ist das Spielfeld trocken, wird der geschlagene Grundball wesentlich schneller auf den Innenfeldspieler zukommen.
Bei besonders harten und unebenen Böden muß der Innenfeldspieler mit einem häufig unberechenbaren Springen des Balls rechnen.

3. Windverhältnisse

Die Windverhältnisse sind ein grundsätzlich ernst zu nehmender Faktor bei der Vorbereitung auf das Spiel. Ausschlaggebend ist dabei einerseits die Windrichtung und andererseits die Windstärke.
Oftmals wird ein Ball vom Wind viel weiter getragen, als dies vom Spieler vorausberechnet wurde. Eine realistische Einschätzung kann hier vor unliebsamen Überraschungen schützen.

4. Überlegungen, die Innenfeldspieler anstellen sollten

1. Welche Wurfvariante wird der Werfer wählen?
2. Wieviele Läufer befinden sich auf welchen Malen?
3. Wieviele „AUS" liegen bereits vor?
4. Wohin schlägt der Schlagmann überwiegend?
5. Liegt eine Hit and Run-Situation vor?
6. Liegt eine Steal-Situation vor?
7. Wie schnell ist der Läufer (Batter)?
8. Liegt eine Bunt-Situation vor?
9. Ist ein Squeeze-Play zu erwarten?
10. Wohin werfe ich den Ball?

Bei einem vorliegenden Squeeze-Play sollte sich der Innenfeldspieler genau überlegen, ob er den gegnerischen Punkt an der Zielplatte verhindern oder ein sicheres AUS am First Base vorziehen soll.
Werden alle voranstehenden Überlegungen angestellt, wird der Spieler den Ball sicher und konzentriert aufnehmen können, um ihn dahin zu werfen, wo er der eigenen Mannschaft den größtmöglichen Nutzen bringt.
Hat sich der Feldspieler in die richtige Position begeben, muß er sich so schnell wie möglich auf den in seine Richtung geschlagenen Ball zubewegen, denn eine für alle Baseballspieler geltende Regel lehrt:

„SPIELE DU DEN BALL UND NICHT DER BALL DICH!"

Abb. 59-61
Aufnehmen eines Infield-grundballes mit beiden Händen

5. Wichtige Regeln für Grundbälle

— Wende nie den Blick vom Ball ab;
— drehe nie den Kopf beim Fangen zur Seite;
— stoppe den Ball wenn nötig auch mit dem Körper;
— fange den Ball stets beim ersten Aufsetzen*;
— fange den Ball grundsätzlich mit beiden Händen.

* Je öfter der Ball auf dem Boden aufsetzt, desto schwieriger wird es, ihn zu fangen, da sein weiterer Weg durch Unebenheiten des Bodens sowie Feuchtigkeit zunehmend unberechenbarer wird.

6. Häufige Schwächen und Fehler des Innenfeldspielers

1. Der Spieler macht sich nicht von vornherein Gedanken darüber, wohin er den Ball zu werfen hat.
2. Er verlagert das Gewicht nicht auf die Fußspitzen, sondern auf die Fersen.
3. Er wartet auf den Ball, anstatt auf ihn zuzugehen.
4. Er fängt den Ball nicht vor dem Körper, sondern seitlich.
5. Er hat Schwierigkeiten beim Fangen rechts oder links geschlagener Bälle.
6. Er benötigt zu viel Zeit für den Wurf.
7. Er macht zu viele Schritte beim Wurf.
8. Er läßt den Ball aus den Augen.
9. Er blockt den Ball nicht mit dem Körper.
10. Er vernachlässigt die korrekte Fußstellung vor dem Wurf.

XVI. Die Außenfeld-Spieler

1. Allgemeines

Ein Außenfeldspieler muß sehr schnell laufen können, ein gutes Auge haben, den Ball sicher fangen und einen starken Arm haben.
Der Outfielder sollte auch in der Lage sein, die Entfernung, die er bis zum Ball zurücklegen muß, möglichst präzise einschätzen zu können.
Das Outfield besteht aus:
1. Rightfielder — Rechter Außenfeldspieler
2. Centerfielder — Zentraler Außenfeldspieler
3. Leftfielder — Linker Außenfeldspieler

Voraussetzungen für diese Positionen sind:
— Starke Arme, die mindestens 70 Meter weit (bzw. über die Distanz von 2/3 der Länge des Spielfelds) gezielt werfen können.
— Das Abdecken entstehender Lücken, wenn einer der obengenannten Outfielder zum Ball geht.
— Entsprechende Erfahrungen, die die Außenfeldspieler in die Lage versetzen, sich problemlos in die taktischen Überlegungen der gegnerischen Läufer und Schlagmänner hineinzuversetzen, um sich auf die zu erwartendon Spielzüge einstellen zu können

Der Außenfeldspieler muß den gegnerischen Schlagmann grundsätzlich immer im Auge behalten.
Beispiel:
Tritt ein gegnerischer Schlagmann fünfmal in Aktion und schlägt dabei vier Bälle in das linke und einen Ball in das rechte Außenfeld, so sollte sich der linke Außenfeldspieler derart postieren, daß er die hauptsächlich in seine Richtung geschlagenen Bälle schnellstmöglich aufnehmen und zurückwerfen kann.
Der Centerfielder ist in der Regel der stärkste Außenfeldspieler. Bei einem in das linke oder rechte Feld geworfenen Flugball hat er grundsätzlich den Vorrang, wenn es darum geht, Mitspieler anzuweisen (Calling off), den Ball zu fangen oder aufzunehmen.
Wenn ein Außenfeldspieler einen Innenfeldspieler abruft, hat letzterer sich schnellstens aus der Lauf- und Fangrichtung des heranlaufenden Outfielders zu begeben, um eine Kollision mit diesem zu vermeiden.

Aufgrund seiner Fähigkeit, die gegnerischen Schlagmänner einschätzen zu können (meist mit Hilfe intensiver Statistikstudien oder aufgrund des aktuellen Spielgeschehens), weiß der Outfielder stets, welchen Läufer er AUS zu werfen versucht, bzw. welchen Läufer er an ein bestimmtes Mal zu ,,fesseln'' versucht. Besonders gefordert ist der Außenfeldspieler bei Überkopf-Flugbällen. Diese sind besonders schwierig zu fangen, da der Outfielder oftmals weit in Richtung der Spielfeldbegrenzung laufen muß und den Ball dort mit dem Rücken zum Spielfeld erwartet.

2. Was der Outfielder wissen sollte

— Wohin der Gegner meistens schlägt,
— wie schnell der Läufer ist,
— welche Spielvariante der Gegner in der Regel bevorzugt,
— welche Positionen bei Hit- und Run-Situationen einzunehmen sind,
— wie die Innenfeldspieler abgesichert werden,
— welches Mal bei einem Hit anzuwerfen ist.

Die Outfielder müssen sich grundsätzlich durch Zuruf darüber verständigen, wohin der Ball geworfen werden soll.
Weiterhin sollten die Outfielder stets mit den jeweiligen Platzverhältnissen vertraut sein, um abschätzen zu können, ob sich der Ball schnell, langsam, gleichmäßig oder springend auf dem Boden bewegt. Zusätzliche Faktoren, die einer optimalen Einstellung auf das Spiel zugute kommen, sind die Windverhältnisse sowie der Stand der Sonne. Scheint die Sonne dem Spieler in das Gesicht, sollte der Außenfeldspieler bei Flugbällen den Handschuh der Sonne in Kopfhöhe entgegenstrecken, wobei er durch das Geflecht des Fangkorbes blicken kann, ohne geblendet zu werden. Sogenannte Flip-Glasses sind ebenfalls von entscheidendem Nutzen.
Der Outfielder sollte sich immer über die Entfernung von seinem jeweiligen Standort bis zur Spielfeldabgrenzung bewußt sein, um sich vor Verletzungen zu schützen, die im Eifer des Gefechts sonst leicht durch einen ungebremsten Zusammenstoß mit dem Zaun oder einem anderen unbeweglichen Hindernis hervorgerufen werden könnten.

3. Der Stand des Außenfeldspielers

Der Outfielder muß auf den Zehenspitzen stehen, wobei er beide Hände auf die Knie legt, um sich schnell nach vorne abstoßen zu können.

Abb. 62-64 Fangen eines Flugballes im Außenfeld

4. Der Klang beim Schlagen des Balles

Der Außenfeldspieler sollte am Klang des vom Schläger getroffenen Balles hören können, ob der Ball weit geschlagen wird oder nicht.
Ein dumpfer, dunkler Klang läßt in der Regel auf einen kurz geschlagenen Ball schließen, während ein heller und harter Klang meist ein sicheres Zeichen für einen weiten Schlag ist.

5. Die Fangtechnik im Außenfeld

Sobald der gegnerische Schläger den Ball berührt hat, sollte sich der Outfielder entscheiden, wohin er nun ohne zu zögern läuft.
Verschätzt er sich bei dieser Entscheidung sehr, oder zögert er zu lange, ist es sehr wahrscheinlich, daß er den Ball nicht mehr aus der Luft fangen kann.

Abb. 65/66

Bei weit geschlagenen Flugbällen sollte der Outfielder umgehend zu der Spielfeldabgrenzung im Außenfeld laufen, um den Ball dort sicher zu fangen. Während des gesamten Laufes sollte er den Ball niemals aus den Augen verlieren. Will ein Außenfeldspieler einen Ball aus der Luft annehmen, sollte er stets darauf achten, daß er den Ball auf der Seite des Wurfarmes fängt, damit er ihn aus einer günstigen Position heraus direkt wieder in das Innenfeld zurückwerfen kann.
Bei der Annahme eines gerade geschlagenen Überkopf-Flugballes steht der Outfielder immer vor der häufig entscheidenden Frage, ob er hierzu eine Körperdrehung nach links oder nach rechts ausführen soll, um für den nachfolgenden Wurf am günstigsten postiert zu sein.
Der Outfielder sollte grundsätzlich jeden Ball mit beiden Händen fangen, um wirklich sicher zu gehen, daß dieser nicht wieder aus dem Handschuh herausfällt. Nur absolute Könner fangen mit einer Hand!
Steht dem Außenfeldspieler kein gegnerischer Läufer auf einem Mal entgegen, hat er genügend Zeit, einen Flugball derart zu fangen, daß er diesen konzentriert und ohne Hast in das Infield zurückwerfen kann.
Grundbälle werden mit einem Knie am Boden geblockt und dann aufgenommen.
Befindet sich ein Läufer auf einem Mal, so muß der Außenfeldspieler — genau wie ein Innenfeldspieler — auf den Ball zulaufen und diesen zu dem Mal werfen, an dem die Chancen für einen erfolgreichen AUS-Wurf am sichersten scheinen.
Bei weiten Würfen zu den Bases sollte der Outfielder darauf achten, daß der Ball einmal auf dem Boden aufsetzt, damit:
1.) Der Cut-Off-Spieler den Ball problemlos während des Fluges fangen und zu einem der Bases weiterwerfen kann;
2.) der Spieler am Mal den Ball tief fängt und sich nicht bücken muß, um den auf dem Boden hereinrutschenden Läufer AUS zu schlagen.

6. Die häufigsten Fehler und Schwächen der Außenfeldspieler

1. Das Anlaufen zu oder mit dem Ball erfolgt zu spät.
2. Die Grundbälle werden fehlerhaft aufgenommen.
3. Der Spieler schützt sich nur unzureichend gegen die blendende Sonne.
4. Er schätzt die gegnerischen Läufer falsch ein.
5. Seine Würfe sind ungenau.
6. Das gegenseitige Absichern funktioniert nicht einwandfrei.

7. Das Absichern der Innenfeldspieler funktioniert nicht einwandfrei.
8. Das Abrufen anderer Spieler vor der Ballannahme erfolgt nicht rechtzeitig.
9. Flugbälle werden aufgrund besonderer Windverhältnisse falsch berechnet.
10. Das Rückwärtslaufen bei hohen Flugbällen ist unsicher und führt zu Mißgeschicken.

Abb. 67-69

St.John's
15
BIKE
BIKE®
BASEBALL
PRO SPORTS
Import GmbH

XVII. Spielzüge der Verteidigung

1. Bunt-Situationen und Läufer am First Base

Ist ein Bunt zu erwarten und befindet sich ein Läufer am First Base, stellen sich die verteidigenden Spieler folgendermaßen auf die Situation ein:
Um den Weg zum Ball zu verkürzen, begibt sich der Firstbaseman einige Schritte vom Mal weg in Richtung des Catchers.
Der Secondbaseman rückt einige Schritte näher an das erste Mal, um dieses gegebenenfalls schneller erreichen zu können.
Der Short Stop begibt sich näher an das zweite Mal, um auch hier Zeit zu sparen.
Der Thirdbaseman rückt, von seiner üblichen Position abweichend, einige Schritte in Richtung des Fängers in das Spielfeld hinein, um den Weg zum Ball ebenfalls zu verkürzen.
Bevor die Spieler diese Positionen einnehmen, wirft der Werfer zum First Base, um den gegnerischen Läufer dort festzuhalten.
Die zuletzt beschriebene Aktion ist taktisch erforderlich, da der Läufer sich nach einem Wurf zum First Base häufig weiter von diesem entfernt.
Hat der Werfer den Ball zum Fänger geworfen, bemüht sich dieser sofort in die Richtung der Homeplate zu laufen, um schnellstmöglich am Ball zu sein.
Der Firstbaseman sowie der Secondbaseman versuchen die Homeplate zu erreichen, sobald der Pitcher den Ball geworfen hat.
Gleichzeitig läuft der Short Stop zum Second Base, während der Secondbaseman das First Base übernimmt.
Im Idealfall sollte der Läufer am zweiten Mal AUS geworfen werden. Erreicht er das zweite Mal jedoch unbehelligt, sollte ein Wurf zum First Base den dort befindlichen Gegner ausschalten.
Bei der zuvor beschriebenen Aktion kommt es vor allem auf die Schnelligkeit und Technik der Innenfeldspieler an.
Sollte der Ball nicht in die Richtung des ersten Mals gebuntet werden, muß der Firstbaseman so schnell wie möglich zu seinem Base zurückkehren. Für den Fall eines Fehlwurfes wird er hierbei von dem Secondbaseman abgesichert.

2. Gegnerischer Läufer am Second Base

Befindet sich ein gegnerischer Läufer am zweiten Mal, postiert sich der Thirdbaseman unweit seines Males, so daß der Läufer, der dorthin zu gelangen versucht, sofort abgeschlagen werden kann.
Der Secondbaseman postiert sich derart, daß er auch das erste Mal bespielen kann.
Der Short Stop hält den gegnerischen Läufer möglichst nahe am zweiten Mal. Dies geschieht, indem er dem Werfer ein Zeichen gibt, auf welches hin ihm dieser den Ball zuwirft.
Die Innenfeldspieler müssen die Anweisungen des Fängers grundsätzlich befolgen, da dieser aufgrund seiner Übersicht über das Spielgeschehen am besten weiß, wohin der Ball geworfen werden muß.

3. Gegnerische Läufer am First und Second Base

In diesem Fall hat sich der Thirdbaseman so zu postieren, daß er sein Mal absichert, einen eventuellen Bunt noch erreichen kann oder am First Base ein AUS erzielt.
Der Short Stop sollte versuchen, den gegnerischen Läufer am zweiten Mal zu halten. Im Falle eines Bunts muß er den Ball jedoch schnell aufnehmen können.
Die Aufgabe des Pitchers besteht darin, seine Position unmittelbar nach dem Wurf zu verlassen und zwischen dem Fänger und dem dritten Mal in Richtung der Außenlinie zu laufen.
Um den Ball sofort spielen zu können, muß der Firstbaseman mit ungefähr gleichem Abstand zwischen dem First Base und dem Catcher stehen.
Der Secondbaseman sollte sich so postieren, daß er das zweite Mal bespielen, einen Bunt schnell aufnehmen und das First Base gegebenenfalls noch in allerletzter Sekunde übernehmen kann.

4. Gegnerischer Läufer am Third Base

In diesem Fall gibt es zwei Möglichkeiten:

1. Der Werfer wirft hoch und möglichst nahe an den Mann.
2. Er plaziert den Ball knapp außerhalb der Wurfzone und versucht, den Schlagmann zu einem mißlingenden Bunt zu provozieren.

XVIII. Die Cut-Off-Positionen

Durch die korrekte Ausführung eines Cut-Off wird verhindert, daß ein gegnerischer Läufer das nächste Mal erreicht.

Die Infield-Cut-Off-Einteilung — 1. Läufer am First Base

Bei einem Schlag in das rechte Außenfeld bespielt der Firstbaseman sein Mal wie gewohnt. Der Secondbaseman nimmt sich des zweiten Mals an, und der Thirdbaseman bleibt für das dritte Mal zuständig. Der Short Stop läßt sich durch Zuruf des Thirdbaseman auf gleicher Höhe zwischen dem rechten Außenfeldspieler und dem Third Base in Position dirigieren.
Auf diese Weise erhält er auch die Anweisung, ob er das Third Base für seinen Wurf als Cut-Off (Zwischenstation) verwenden soll oder nicht.
Erfolgt ein Schlag in das linke oder in das Center-Außenfeld, während sich ein Läufer am First Base befindet, spielen alle Innenfeldspieler bis auf den Short Stop auf ihren gewohnten Positionen.
Letzterer läßt sich wiederum durch Zuruf des Thirdbaseman in gleicher Höhe zwischen dem Außenfeldspieler und dem Third Base in Position bringen.
Bei allen Würfen zum Third Base muß der Werfer dieses absichern. Dazu läuft er vier Meter hinter den Baseman, wobei der Werfer, der Werfende und der Baseman in einer geraden Linie stehen.

2. Läufer am Second Base

Befindet sich ein Läufer am zweiten Mal, so übernehmen der Firstbaseman und der Thirdbaseman die Aufgaben der Cut-Off-Spieler.
Gleichzeitig sichert der Short Stop das dritte Mal, während sich der Secondbaseman des ersten Mals annimmt.
Wird ein Ball derart plaziert in das Außenfeld geschlagen, daß der gegnerische Läufer einen Punkt erzielen könnte, dirigiert der Catcher den Firstbaseman in gerader Linie zu dem Außenfeldspieler, so daß er den Ball in seiner Funktion als Cut-Off direkt zum Catcher weiterwerfen kann.

Bei einem Schlag ins Center-Außenfeld muß auch der Firstbaseman gegebenenfalls als Cut-Off fungieren.
In diesem Fall befindet sich seine Position zwischen dem Werfer und dem zweiten Mal, wobei der Secondbaseman das erste Mal, der Werfer den Fänger, der Thirdbaseman das dritte Mal und der Short Stop das zweite Mal sichert.

Abb. 71

Abb. 72

Das nachfolgende Regelwerk lehnt sich im wesentlichen an die von dem amerikanischen National Baseball Congress veröffentlichen "Official Baseball Rules" an. Dennoch handelt es sich dabei nicht um eine wörtliche Übersetzung derselben. Die Autoren haben vereinzelte, dem besseren Verständnis dienende Kürzungen vorgenommen sowie unwesentliche oder in Deutschland ungebräuchliche Teile des Regelwerkes ausgelassen. Unberücksichtigt blieben auch die einführenden Kapitel, die die Erklärungen der Fachterminologie zum Inhalt haben, da diese bereits in einem vorangegangenen Kapitel erläutert wurden. Aus diesem Grund beginnt die Zählung der einzelnen Absätze bei 3.00.

XIX. Das Regelwerk

3.00 Vor dem Spiel

3.01 Vor Spielbeginn muß der Schiedsrichter:
a) Darauf hinweisen, daß die Spielregeln einzuhalten sind und nur zulässige Ausrüstung verwendet wird.
b) Prüfen, daß die Spielfeldbegrenzungs- und Markierungslinien richtig angelegt und deutlich sichtbar sind;
c) Von der Heimmannschaft Bälle erhalten, die den gültigen Vorschriften des Vorbandes entsprechen. Der Schiedsrichter alleine kann entscheiden, ob ein Ball zulässig ist oder nicht; die Bälle müßen in verpacktem Zustand übergeben werden.
d) Prüfen, ob mindestens ein Dutzend Ersatzbälle bei der Heimmannschaft vorhanden und sofort verfügbar sind;
e) Im Besitz von Ersatzbällen sein und während des Spieles weitere verlangen, wenn dies erforderlich ist, z.B.:
1) Wenn ein Ball außerhalb des Spielfeldes geschlagen wurde; oder in den Zuschauerrängen landet.
2) Wenn ein Ball beschädigt ist;
3) Wenn der Pitcher einen Ersatzball verlangt (erst nach Spielzug oder Dead Ball).
Landet ein geschlagener Ball außerhalb des Spielfeldes (FOULBALL), kann das Spiel erst dann weitergeführt werden, wenn alle Läufer auf das ihnen zustehende Base zurückgekehrt sind, auf das sie ein Anrecht haben.

3.02 Kein Ball darf absichtlich beschädigt werden.

STRAFE: Der Schiedsrichter nimmt den Ball aus dem Spiel und verweist den betreffenden Spieler vom Spielfeld. Kann der Schiedsrichter den Verursacher nicht feststellen, und wirft der Pitcher einen beschädigten Ball zum Schläger, wird der Werfer vom Spielfeld verwiesen.

3.03 Spieler können jederzeit während des Spieles ausgewechselt werden, sofern der Ball tot ist. Der eingewechselte Spieler muß an der Stelle in der Schlagreihenfolge aufgeführt sein, an der der ausgewechselte Spieler stand. Ein ausgewechselter Spieler kann nicht mehr im selben Spiel eingesetzt werden. Ein ausgewechselter Spieler-Manager darf als Trainer eingesetzt werden. Werden bei der Defensivmannschaft zwei oder mehrere Spieler gleichzeitig ausgewechselt, muß der Manager sofort und bevor die Ersatzspieler ihre Positionen auf dem Spielfeld eingenommen haben, die Auswechslung dem Hauptschiedsrichter bekanntgeben und ihm deren Platz in der Schlagreihenfolge angeben. Ist dies versäumt worden, kann der Hauptschiedsrichter bestimmen, auf welchem Platz diese Ersatzspieler in der Schlagreihenfolge einzuordnen sind.
Ein Pitcher kann innerhalb eines Innings nur einmal seine Position wechseln. Dem neuen Werfer werden fünf Aufwärm-Würfe zugestanden.

Beispiel: *Der Pitcher wird zum First Baseman. Er kann jetzt nicht mehr während des Innings eine andere Position einnehmen.*

3.04 Ein Spieler, der in der Schlagreihenfolge aufgeführt ist, darf nicht als Läufer für einen anderen Spieler seiner Mannschaft eingesetzt werden.

3.05
a) Der Werfer, der in der Schlagreihenfolge aufgeführt ist, die laut Regel 6.01 a) und b) dem Hauptschiedsrichter ausgehändigt wurde, muß solange auf dieser Position bleiben, bis der erste bzw. eingewechselte Schlagmann entweder Aus ist oder das First Base erreicht hat.

b) Ein eingewechselter Werfer muß solange auf dieser Position bleiben bis der Schlagmann bzw. der eingewechselte Schlagmann, der gerade schlägt, entweder Aus ist, das First Base erreicht hat, oder bis das dritte Aus erfolgt ist. Bei der Regel 3.05 a) und b) kann der Hauptschiedsrichter den Pitcher sofort aus dem Spiel nehmen, wenn er der Ansicht ist, daß der Pitcher durch Verletzung nicht in der Lage ist, weiterzuspielen.

c) Wurde ein regelwidriges Auswechseln des Werfers vorgenommen, so muß der vorherige Werfer zurückkehren. Wirft der regelwidrig eingewechselte

Pitcher einen Pitch, ist jeder Spielzug der daraus resultiert gültig. Der Pitcher wird zum ,,richtigen'' Pitcher, sobald er den ersten Pitch geworfen hat oder ein Läufer Aus gemacht wurde.

Hat der Schiedsrichter diese Tatsache übersehen, so kann er dieses jedoch nachträglich korrigieren, bevor der unberechtigte Werfer den ersten Wurf ausführt.

3.06 Der Manager muß jedes Auswechseln eines Spielers dem Hauptschiedsrichter sofort bekanntgeben und ihm mitteilen, an welcher Stelle der ausgewechselte Spieler in der Schlagreihenfolge eingesetzt wird.

3.07 Ist der Hauptschiedsrichter von einem Auswechseln unterrichtet worden, kann er dies bekanntgeben oder bekanntgeben lassen.

3.08

a) wird ein Auswechseln nicht bekanntgegeben, gilt der eingewechselte Spieler als ins Spiel genommen, wenn:

1) Der eingewechselte Pitcher auf der Pitcher's Plate steht;
2) der eingewechselte Schlagmann im Schlagraum steht;
3) der eingewechselte Feldspieler auf der Position steht, auf der vorher der ausgewechselte Feldspieler stand;
4) der eingewechselte Läufer auf dem Base steht, auf dem der ausgewechselte Läufer stand.

b) Jeder Spielzug, der von einem oder durch einen eingewechselten Spieler ausgeführt wird und nicht bekanntgegeben wurde, ist gültig und entspricht den Spielregeln.

3.09 Spieler in Uniform, Trainer und Manager dürfen sich nicht mit Zuschauern unterhalten oder sich während eines Spieles mit Zuschauern streiten.

3.10

a) Nur der Manager der Heimmannschaft kann entscheiden, ob ein Spiel beginnen kann oder nicht, z.B. wegen Unbespielbarkeit des Spielfeldes, schlechten Wetterverhältnissen u.ä.. Diese Regel gilt nicht beim zweiten Spiel eines Double-Headers (siehe b). Ausnahme: Bei Meisterschaften kann der Ligaobmann über die Durchführbarkeit eines Spiels entscheiden.

b) Nur der Hauptschiedsrichter des ersten Spieles kann entscheiden, ob das zweite Spiel eines Double-Headers beginnen kann oder nicht, z.B. wegen Unbespielbarkeit des Spielfeldes, schlechten Wetterverhältnissen, u.ä.

c) Nur der Hauptschiedsrichter kann entscheiden, ob und wann ein Spiel wegen Unbespielbarkeit des Spielfeldes, schlechten Wetterverhältnissen, u.ä. aufgeschoben wird, und ob und wann ein Spiel nach einem Aufschub abgebrochen oder wieder aufgenommen wird. Die Unterbrechung muß mindestens 30 Minuten dauern, bevor der Hauptschiedsrichter das Spiel unwiderruflich abbrechen kann. Er kann jedoch die Unterbrechung verlängern, solange noch eine Möglichkeit besteht, das Spiel wieder aufzunehmen und zu beenden.

3.11 Während der Pause zwischen zwei Spielen eines Double-Headers oder während einer Unterbrechung kann der Hauptschiedsrichter die Heimmannschaft veranlassen, das Spielfeld wieder herzurichten. Weigert sie sich, kann er das Spiel zum Vorteil der Gastmannschaft abbrechen.

3.12 Will der Schiedsrichter das Spiel unterbrechen, so ruft er "Time". Sobald der Schiedsrichter "Play" gerufen hat, ist die Unterbrechung aufgehoben und das Spiel läuft weiter. Zwischen "Time" und "Play" ist der Ball tot (Dead Ball).

3.13 Der Manager der Heimmannschaft muß dem Hauptschiedsrichter und dem Manager der Gastmannschaft zusätzliche Gegebenheiten bekanntgeben, die sich auf etwaige Besonderheiten des Spielfeldes beziehen. Werden sie vom Manager der Gastmannschaft anerkannt, sind sie gültig. Werden sie nicht anerkannt, hat der Hauptschiedsrichter das Recht, selbst entsprechende Regelungen zu treffen.

3.14 Keine Mannschaft darf ihre Ausrüstungsgegenstände auf dem Spielfeld herumliegen lassen, weder im Fair- noch im Foul-Territory.

3.15 Während eines Spieles darf niemand das Spielfeld betreten, außer Spielern und Trainern in Uniform, Managern, Personen, die von der Heimmannschaft die Erlaubnis dazu erhalten haben und Schiedsrichtern. Begeht eine dieser Personen (ausgenommen Mitglieder der Offensivmannschaft, die am Spielgeschehen beteiligt sind, Trainer im Feldtrainerraum und Schiedsrichter) unabsichtlich eine Behinderung, läuft das Spiel weiter. Ist die Behinderung jedoch absichtlich, ist der Ball sofort tot, und der Schiedsrichter verhängt die entsprechenden Strafen.
Ob eine absichtliche oder unabsichtliche Behinderung vorliegt, wird durch den Schiedsrichter entschieden.

3.16 Behindert ein Zuschauer einen Spieler bei einem geworfenen oder geschlagenen Ball, ist der Ball tot, und dies hat eine Strafe zur Folge.
Regelauslegung: Behindert ein Zuschauer absichtlich einen Feldspieler, der einen Fly Ball fangen wollte, kann der Schiedsrichter den Schlagmann Aus erklären.
Es besteht ein Unterschied zwischen einem Ball, der in die Zuschauerränge geworfen bzw. geschlagen wurde und nicht mehr bespielbar ist und einem Ball,

der ins Spielfeld zurückspringt und anschließend von einem Zuschauer berührt wird. Im zweiten Fall liegt eine absichtliche Behinderung vor, und der Schiedsrichter handelt wie in Regel 3.15 beschrieben. Der Schlagmann und die Läufer dürfen das Base einnehmen, das sie erreicht hätten, wenn die Behinderung nicht geschehen wäre.

Es ist legal, wenn ein Feldspieler über, unter oder durch einen Zaun greift, um einen Ball zu fangen. Er tut dies auf sein eigenes Risiko. Greift jedoch ein Zuschauer auf die dem Spielfeld zugewandte Seite eines Zauns und behindert offensichtlich einen Feldspieler beim Fangen, wird der Schlagmann wegen Zuschauerbehinderung Aus erklärt. ***Beispiel:*** *Third Base besetzt, 1 Aus, und der Schlagmann schlägt einen Fly Ball weit ins Außenfeld. Ein Zuschauer behindert offensichtlich den Außenfeldspieler beim Fangen. Der Schlagmann wird aufgrund der Behinderung Aus erklärt und der Ball ist tot, sobald der Schiedsrichter "Time" gerufen hat. Bei einem kürzeren Schlag braucht der Schiedsrichter das Spiel nicht zu unterbrechen.*

3.17 Ersatzspieler, Auswechselspieler und Balljungen dürfen sich nur auf der Spielerbank aufhalten, solange sie nicht am Spiel beteiligt sind oder in das Spiel genommen werden sollen, es sei denn, sie werden als Feldtrainer eingesetzt. Während eines Spieles dürfen nur Spieler in Uniform, Ersatzspieler in Uniform, Manager und Trainer auf der Spielerbank Platz nehmen.

3.18 Die Heimmannschaft hat dafür zu sorgen, daß alle Maßnahmen getroffen wurden, die ein Betreten des Spielfeldes durch Zuschauer verhindern (Ordner oder Polizei). Die Gastmannschaft hat das Recht, sich zu weigern, das Spiel weiterzuführen, solange das Spielfeld nicht geräumt ist. Ist dies nach 15 Minuten nicht geschehen, wird das Spiel zum Vorteil der Gastmannschaft abgebrochen.

Abb. 73/74

4.00 Beginn und Ende des Spieles

4.01 Der Schiedsrichter begibt sich zur Home Plate (vorausgesetzt die Heimmannschaft hat nicht um einen begründeten Spielaufschub gebeten) und bittet die Manager beider Mannschaften zu sich.
In nachstehender Reihenfolge:
a) Händigt der Manager der Heimmannschaft dem Hauptschiedsrichter eine Kopie der Schlagreihenfolge seiner Mannschaft aus;
b) händigt der Manager der Gastmannschaft dem Hauptschiedsrichter eine Kopie der Schlagreihenfolge seiner Mannschaft aus;
c) vergleicht der Hauptschiedsrichter die Originale mit den Kopien beider Schlagreihenfolgen. Dann übergibt er jedem Manager die Kopie der Schlagreihenfolge der gegnerischen Mannschaft. Danach ist kein Auswechseln mehr erlaubt, es sei denn, es entspräche den in diesen Spielregeln festgesetzten Auslegungen.
d) Übernimmt der Hauptschiedsrichter die Leitung des Spieles, sobald ihm die Schlagreihenfolgen ausgehändigt wurden. Er hat die alleinige Entscheidungsgewalt, ob und wann ein Spiel unterbrochen, wieder aufgenommen oder abgebrochen wird.
Bemerkt der Schiedsrichter vor Spielbeginn, daß eine Schlagreihenfolge fehlerhaft ist, muß er den betreffenden Manager darauf aufmerksam machen und ihn auffordern, die Fehler zu berichtigen. Eine Mannschaft kann grundsätzlich nicht für Fehler in der Schlagreihenfolge bestraft werden, die offensichtlich vor dem Spielbeginn hätten behoben werden können.

4.02 Die Spieler der Heimmannschaft nehmen ihre Positionen auf dem Spielfeld ein. Der erste Schlagmann der Gastmannschaft stellt sich in den Schlagraum, der Schiedsrichter ruft "Play" und das Spiel beginnt.

4.03 Wird der Ball bei Spielbeginn oder während des Spieles ins Spiel genommen, müssen alle Feldspieler, mit Ausnahme des Fängers, im Fair Territory stehen.
a) Der Fänger muß seine Position direkt hinter der Home Plate einnehmen. Er kann sie jederzeit verlassen, um einen Pitch zu fangen oder einen Spielzug auszuführen, es sei denn er gibt dem Schlagmann einen Walk. In diesem Fall muß er mit beiden Füßen im Fängerraum stehen bleiben, bis der Ball die Wurfhand des Pitchers verlassen hat;
STRAFE: Balk.
b) Während des Pitchens muß sich der Werfer in die Setup Position begeben, wobei seine Bewegung zu einem kompletten Stop kommen muß.

c) Mit Ausnahme des Pitchers und des Fängers können sich die anderen Feldspielder frei auf dem Spielfeld bewegen.
d) Während der Ball im Spiel ist, darf außer dem Schlagmann und dem Läufer, der im Begriff ist, einen Punkt zu erzielen, kein Spieler der Offensivmannschaft vor dem Fänger vorbeigehen bzw. -laufen.

4.04 Die Schlagreihenfolge muß während des gesamten Spieles eingehalten werden, außer wenn ein Spieler ausgewechselt wird. Ein eingewechselter Spieler nimmt die Position des ausgewechselten Spielers in der Schlagreihenfolge ein.

4.05
a) Die Offensivmannschaft kann zwei Feldtrainer (einen an dem First und einen an dem Third Base) in die dafür vorgesehenen Feldtrainerräume stellen.
b) Die Anzahl der Feldtrainer ist auf zwei begrenzt, und sie müssen:
1) in Uniform gekleidet sein,
2) sich innerhalb der Feldtrainerräume aufhalten (Coaches Box).
STRAFE: Der regelwidrig handelnde Feldtrainer wird vom Spielfeld verwiesen.
Steht ein Feldtrainer außerhalb des Feldtrainerraumes, oder geht er nach einem Hit zum Läufer, um ihm Anweisungen zu geben, kann der Schiedsrichter dies zulassen, solange die Defensivmannschaft keinen Einspruch dagegen erhebt. Erhebt sie Einspruch, muß der Schiedsrichter darauf achten, daß der Trainer ständig innerhalb des Feldtrainerraumes verweilt.

4.06
a) Es ist keinem Spieler, Trainer oder Manager erlaubt, sei es von der Spielerbank aus, auf dem Spielfeld oder anderswo:
1) Durch Zeichen oder Sprache, bei den Zuschauern Reaktionen zu provozieren;
2) eine Ausdrucksweise zu benutzen, die beleidigend auf gegnerische Spieler, Schiedsrichter oder Zuschauer wirkt;
3) "Time" zu rufen, während sich der Werfer in der Wurfbewegung befindet; auch direkte Zurufe an den Werfer sind unzulässig;
4) absichtlich den Schiedsrichter zu berühren.
b) Kein Spieler darf sich in das Sichtfeld des Schlagmannes stellen mit der Absicht, durch Bewegungen, Zeichen, Sprache oder ähnliches, den Schlagmann beim Schlagen zu stören.
STRAFE: Der betreffende Feldspieler wird vom Spielfeld verwiesen. Wurde dadurch ein Balk verursacht, ist der Wurf ungültig.

4.07 Wird ein Manager, Trainer oder Spieler vom Spielfeld verwiesen, muß er dies unverzüglich verlassen und darf es während des Spieles nicht mehr betreten.

4.08 Wird ein Schiedsrichter von einer Person, die sich auf der Spielerbank aufhält beschimpft, wird diese verwarnt und aufgefordert, mit den Beschimpfungen aufzuhören. Wiederholt sich solch ein Verhalten, folgt eine Bestrafung.
STRAFE: Der Schiedsrichter verweist den Verursacher vom Spielfeld. Ist der Schiedsrichter nicht in der Lage, diesen zu identifizieren, kann er alle Ersatzspieler von der Spielerbank verweisen. Der Manager der betroffenen Mannschaft hat nur das Recht, die Ersatzspieler auf das Spielfeld zurückzurufen, die unverzüglich ins Spiel genommen werden sollen.

4.09 Erzielen eines Punktes
a) Ein Punkt wird jedesmal erzielt, wenn ein Läufer vom First über das Second und Third Base zur Home Plate vorrückt und sie berührt hat, bevor drei Mitspieler Aus erklärt worden sind.

AUSNAHME: Es wird kein Punkt erzielt, wenn ein Läufer die Home Plate berührt, während ein drittes Aus durch einen Spielzug erzielt wird:
1) Beim Batter-Runner, bevor dieser das First Base erreicht hat;
2) bei jedem anderen Läufer durch ein Forced-Out (erzwungenes Aus)
3) durch einen vorhergehenden Läufer, der Aus erklärt wurde, weil er ein Base nicht berührt hat. (Appeal play)
b) Wird der siegbringende Punkt in der letzten Inninghälfte eines regulären Spieles bzw. eines zusätzlichen Innings erzielt, wenn alle Bases besetzt sind, und alle Läufer gezwungen sind, weiter vorzurücken, kann der Schiedsrichter das Spiel weiterlaufen lassen, bis der Läufer auf dem Third Base die Home Plate und der Schlagmann das First Base berührt haben.
Eine Ausnahme kann gemacht werden, wenn der Läufer durch Zuschauer, die auf das Spielfeld gelaufen sind, körperlich behindert wird, das nächste Base zu erreichen. In diesem Fall kann der Schiedsrichter dem betreffenden Läufer das Base zusprechen.

4.10 Reguläre Spieldurchführung

a) Ein reguläres Spiel wird über neun Innings gespielt (nationale Regeln beachten!), es sei denn es wird wegen Punktegleichstand verlängert oder verkürzt weil:
1) Am Ende der ersten Hälfte des neunten Innings die Heimmannschaft mehr Punkte als die Gastmannschaft erzielt hat;
2) der Hauptschiedsrichter das Spiel beendet hat.
b) Steht das Spiel nach neun vollen Innings unentschieden, wird weitergespielt, bis:
1) die Gastmannschaft am Ende eines vollen zusätzlichen Innings in Führung geht;
2) die Heimmannschaft den Siegpunkt in der zweiten Hälfte eines zusätzlichen Innings erzielt.
c) Wird ein Spiel abgebrochen, ist es als reguläres Spiel zu bewerten, wenn:
1) Mindestens fünf volle Innings gespielt wurden (Hier sind nationale Spielordnungen zu beachten);
2) die Heimmannschaft nach vier oder viereinhalb Innings mehr Punkte erzielt hat als die Gastmannschaft nach fünf vollen Innings;
3) die Heimmannschaft einen oder mehrere Punkte in der zweiten Hälfte des fünften Innings erzielt und somit dieselbe Punktzahl wie die Gastmannschaft erzielt hat.

4.11 Das Endresultat eines regulären Spieles errechnet sich aus der Anzahl der erzielten Punkte beider Mannschaften nach Spielende.

a) Das Spiel ist beendet, wenn die Heimmannschaft nach der ersten Hälfte des neunten Innings in Führung liegt.

b) Das Spiel ist beendet, wenn neun Innings gespielt wurden.

c) Erzielt die Heimmannschaft den siegbringenden Punkt in der zweiten Hälfte eines zusätzlichen Innings, ist das Spiel sofort beendet, sobald dieser Punkt erzielt wurde.

AUSNAHME: Schlägt der letzte Schlagmann einen Home Run außerhalb des Spielfeldes, wird dieser mit allen Punkten gezählt, die auf diese Weise erzielt wurden.

Regelauslegung: Schlägt der Schlagmann einen Home Run außerhalb des Spielfeldes und bringt somit seiner Mannschaft während der zweiten Hälfte des neunten Innings oder der zweiten Hälfte eines zusätzlichen Innings den Sieg und wird Aus erklärt, weil er einen Läufer überholt hat, ist das Spiel beendet, sobald der siegbringende Punkt erzielt wurde.

Ein Spiel ist als abgeschlossen zu bewerten, wenn der Hauptschiedsrichter das Spiel beendet.

AUSNAHME: Wird ein Spiel während eines Innings, das noch läuft, abgebrochen, wird dies in folgenden Fällen als AUFGESCHOBENES SPIEL gewertet.

4.12 Aufgeschobenes Spiel (Suspended Game)

a) Folgende Voraussetzungen müssen gegeben sein, damit ein Spiel aufgeschoben und auf ein späteres Datum verlegt werden kann:

1) gesetzliche Bestimmungen;
2) laut Spielordnung (Zeitlimit etc.) getroffene Bestimmungen;
3) defekte Flutlichtanlage oder unbespielbares Spielfeld;
4) Dunkelheit, und wenn gesetzliche Bestimmungen ein Benutzen der Flutlichtanlage verbieten;
5) Wetterverhältnisse, wenn das Spiel während eines Innings abgebrochen wurde; in folgenden Fällen:
I) Die Gastmannschaft erreicht einen Punktgleichstand und die Heimmannschaft erzielt keinen Punkt;
II) die Gastmannschaft geht in Führung, und die Heimmannschaft erzielt keinen Punkt, um das Spiel auszugleichen oder selbst in Führung zu gehen.

b) Ein Spiel, das wegen der oben genannten Gründe abgebrochen wurde, wird als „aufgeschoben" gewertet, vorausgesetzt, die Bestimmungen der Regel 4.10 sind erfüllt. Ein Spiel, das aufgrund der Regel 4.12 a) 3) oder 4) abgebrochen wurde, wird als „aufgeschoben" gewertet, sobald es begonnen hat.

c) Bei einem durch widrige Wetterbedingungen oder Dunkelheit bedingten Spielabbruch wird ein Suspended Game erst ab 4 1/2 bzw. 5 Innings gegeben.

4.13 Double-Header Regelung

a) 1) Nur zwei Meisterschaftsspiele dürfen am gleichen Spieltag ausgetragen werden, es sei denn, daß noch ein aufgeschobenes Spiel beendet werden muß.
2) Werden zwei Tabellenspiele an einem Tag ausgetragen, wird das erste Spiel als Tabellenspiel für dieses Datum gewertet.
b) Das erste Spiel eines Double-Headers muß beendet werden, bevor das zweite beginnen kann.
c) Das zweite Spiel eines Double-Headers muß 20 Minuten, nachdem das erste Spiel beendet wurde, beginnen, außer wenn der Hauptschiedsrichter eine längere Pause (jedoch nicht länger als 30 Minuten) beschlossen und dies den Managern der jeweiligen Mannschaften bekanntgegeben hat.
d) Der Hauptschiedsrichter hat die Aufgabe, alle Möglichkeiten durchzusetzen, damit das zweite Spiel eines Double-Headers beginnen und beendet werden kann.
e) Wenn der Beginn eines Double-Headers aus irgendeinem Grund verzögert wird, gilt jedes begonnene Spiel als das erste Spiel dieses Double-Headers.
f) Ist ein Spiel, das wiederholt werden muß, Bestandteil eines Double-Headers, wird es als zweites Spiel ausgetragen. Das erste Spiel wird als Tabellenspiel für diesen Spieltag gewertet.

4.14 Der Hauptschiedsrichter kann veranlassen, daß das Flutlicht eingeschaltet wird, wenn er es für erforderlich hält.

4.15 Ein Spiel kann zum Nachteil einer Mannschaft abgebrochen werden, wenn sie:

a) Spätestens nach 5 Minuten nicht auf dem Spielfeld erscheint oder sich weigert, das Spiel zu beginnen, nachdem der Hauptschiedsrichter "Play" gerufen hat, es sei denn, es liegen triftige Gründe für eine Verspätung vor;
b) eine Spieltaktik anwendet, die darauf hinzielt, das Spiel zu verkürzen oder zu verlängern;
c) sich weigert weiterzuspielen, es sei denn, das Spiel wurde aufgeschoben oder beendet;
d) sich weigert, innerhalb einer Minute anzutreten, nachdem der Hauptschiedsrichter "Play" gerufen hat, es sei denn, es liegen triftige Gründe für eine Verspätung vor;
e) nach einer Warnung des Schiedsrichters, weiterhin und fortdauernd gegen die Spielregeln verstößt;

f) nicht in einer angemessenen Zeit einer Aufforderung des Schiedsrichters nachkommt, einen ihrer Spieler vom Spielfeld zu entfernen;
g) nicht spätestens 20 Minuten nach dem Ende des ersten Spieles eines Double-Headers auf dem Spielfeld erscheint, es sei denn, der Hauptschiedsrichter des ersten Spieles hat eine längere Pause angeordnet.

4.16 Ein Spiel kann zum Vorteil der Gastmannschaft abgebrochen werden, wenn die Heimmannschaft einer Aufforderung des Hauptschiedsrichters nicht nachkommt, während einer Unterbrechung das Spielfeld wieder herzurichten.

4.17 Ein Spiel kann zum Nachteil der Mannschaft abgebrochen werden, die nicht in der Lage ist, oder sich weigert, neun Spieler auf das Spielfeld zu entsenden.

4.18 Wird ein Spiel zum Vor- bzw. Nachteil einer Mannschaft abgebrochen, muß der Hauptschiedsrichter den Vorsitzenden der Liga innerhalb von 24 Stunden schriftlich hiervon unterrichten. Ein Versäumnis seinerseits hat keinen Einfluß auf das abgebrochene Spiel.

4.19 Protestspiele

Jede Liga kann diesbezüglich ihre eigene Regelungen treffen. Jedoch ist nach einer Entscheidung eines Schiedsrichters grundsätzlich kein Protest möglich.

Abb. 75/76

5.00 Spielbeginn

5.01 Zu der für den Spielbeginn angesetzten Zeit ruft der Hauptschiedsrichter "Play Ball".

5.02 Nachdem der Hauptschiedsrichter "Play Ball" gerufen hat, ist der Ball im Spiel und zwar solange, wie es die Spielregeln vorschreiben, oder bis der Schiedsrichter das Spiel unterbricht, indem er "Time" ruft. Ist das Spiel unterbrochen, ist der Ball tot und kein Läufer kann Aus gemacht, kein Base angelaufen und kein Punkt erzielt werden, außer durch einen Spielzug, der bereits eingeleitet wurde, als der Ball noch bespielbar war.

5.03 Der Pitcher wirft den Ball zum Schlagmann, der die Wahl hat, die Bälle zu schlagen oder dies zu unterlassen.

5.04 Das Ziel der Offensivmannschaft ist es, ihre Schlagmänner (BATTER) zu Läufern werden zu lassen.

5.05 Das Ziel der Defensivmannschaft ist es, zu verhindern, daß die Schlagmänner zu Läufern werden und die Bases erreichen.

5.06 Ist ein Schlagmann zum Läufer geworden, und hat er alle Bases in der richtigen Reihenfolge erreicht, so hat er einen Punkt für die Offensivmannschaft erzielt.

5.07 Sind drei Spieler der Offensivmannschaft Aus gemacht worden, erfolgt ein Wechsel. Die Defensivmannschaft kommt zum Schlagen und wird somit zur Offensivmannschaft.

5.08 Wird ein Feldtrainer oder ein Schiedsrichter aus Versehen von einem Ball getroffen, oder der Schiedsrichter von einem Pitch, so wird weitergespielt. Kommt jedoch ein Trainer mit einem geworfenen Ball in Berührung, so ist der Läufer Aus.

5.09 Der Ball ist tot, und alle Läufer rücken ein Base weiter vor oder kehren auf ihre Bases zurück, ohne Aus gemacht werden zu können, wenn:
a) Ein Pitch den Schlagmann oder dessen Kleidung berührt, während er im Schlagraum steht und bereit ist, den Ball zu schlagen. Die Läufer, die dadurch gezwungen sind, vorzurücken, gehen ein Base weiter;
b) der Schiedsrichter einen Wurf des Fängers behindert. Die Läufer müssen auf ihren Bases bleiben. Wird der Läufer trotzdem Aus gemacht, so gilt der Spielzug;
c) ein Balk verursacht wurde. Alle Läufer rücken ein Base weiter (siehe STRAFE Regel 6.05);

d) ein Ball regelwidrig geschlagen wurde. Alle Läufer kehren auf ihre Bases zurück;
e) ein Foul Ball nicht gefangen wurde. Alle Läufer kehren auf ihre Bases zurück. Der Schiedsrichter gibt erst dann den Ball wieder frei, wenn alle Läufer ihre vorhergehenden Bases berührt haben;
f) ein Fair Ball einen Läufer oder einen Schiedsrichter trifft (sofern diese im Fair Territory stehen), bevor der Ball einen Innenfeldspieler (Pitcher inbegriffen) berührt hat, oder der Ball einen Schiedsrichter trifft, bevor er an einem Innenfeldspieler (Pitcher ausgenommen) vorbeigeflogen oder gerollt ist.
Ein geschlagener Ball, der im Flug einen Schiedsrichter trifft und daraufhin von einem Feldspieler aus der Luft gefangen wird, wird nicht als "Catch" gewertet. Der Ball bleibt jedoch im Spiel.

ANMERKUNG: Fliegt ein Fair Ball zwischen den Beinen hindurch oder direkt an einem Feldspieler vorbei und berührt einen Läufer, der sich unmittelbar hinter diesem Innenfeldspieler befindet, oder berührt der Ball diesen Läufer, nachdem er vom Innenfeldspieler in seiner Flugrichtung beeinflußt wurde, bleibt der Ball im Spiel, und der Läufer ist nicht Aus. Bei solch einer Entscheidung muß der Schiedsrichter sicher sein, daß der Ball zwischen den Beinen hindurch oder direkt an dem Innenfeldspieler vorbeigeflogen ist, und daß kein anderer Spieler die Möglichkeit hatte, den Ball aufzunehmen. Die Läufer rücken nur weiter, wenn sie dazu gezwungen sind;
g) ein Pitch in der Maske oder dem Brustschutz des Schiedsrichters klemmen bleibt. Alle Läufer rücken ein Base weiter. Bei dem Count von 4 "Balls" oder 3 "Strikes" bekommt der Schlagmann das First Base zugesprochen;
Prallt ein Foul Tip am Schiedsrichter ab und wird von einem Feldspieler gefangen, bzw. bleibt der Ball in seiner Maske oder dem Brustschutz stecken, ist der Ball tot, und der Schlagmann ist nicht Aus.
Bei einem dritten Strike (kein Foul Tip), der den Schiedsrichter berührt, bleibt der Ball im Spiel, und der Schlagmann kann entweder am First Base oder durch Berührung mit dem Ball Aus gemacht werden.
h) Ein Pitch einen Läufer trifft, der im Begriff ist, einen Punkt zu erzielen. Alle Läufer rücken ein Base weiter.

5.10 Der Ball ist tot, sobald ein Schiedsrichter "Time" ruft. Der Schiedsrichter kann "TIME" rufen, wenn:

a) Er der Ansicht ist, daß Wetter, Dunkelheit oder andere Widrigkeiten ein Weiterspielen unmöglich machen;

b) eine schlechte Flutlichtbeleuchtung ihm Schwierigkeiten bereitet, dem Spielgeschehen zu folgen.

ANMERKUNG: Zu diesem Punkt kann eine Liga ihre eigenen Regelungen treffen, die sich auf eine Spielunterbrechung aufgrund schlechter Flutlichtverhältnisse beziehen;

c) ein Unfall geschieht, während ein Läufer ein Base anläuft oder im Begriff ist, einen Punkt zu erzielen. In diesem Fall kann ein Ersatzspieler den Spielzug beenden;

d) ein Manager eine Unterbrechung wünscht, weil er einen Spieler auswechseln oder mit ihm beraten will;

e) er den Ball untersuchen oder sich mit einen Manager beraten will oder in ähnlich gelagerten Fällen;

f) ein Feldspieler, nachdem er einen Fly Ball gefangen hat, über ein Hindernis oder Zuschauer fällt, sofern diese auf dem Spielfeld stehen. Für die Läufer gilt die Regel 7.04 c);

ANMERKUNG: Fängt ein Feldspieler den Ball, stürzt aber nicht zu Boden, bleibt der Ball im Spiel, und die Läufer können auf ihr eigenes Risiko weiter vorrücken.

g) er einen Spieler oder eine andere Person vom Spielfeld verweisen will.

h) Außer in den Fällen, die in den Abschnitten b) und c) aufgeführt sind, darf kein Schiedsrichter "Time" rufen, während das Spiel läuft.

5.11 Nachdem der Ball tot ist, kann das Spiel wieder aufgenommen werden, sobald der Pitcher wieder auf der Pitcher's Plate steht, im Ballbesitz ist und der Schiedsrichter "Play" gerufen hat.

6.00 Der Schlagmann

6.01 a) Die Spieler der Offensivmannschaft müssen in der Reihenfolge schlagen, die die Schlagreihenfolge für das Team vorgibt.

b) Der erste Schlagmann zu Beginn eines Innings ist derjenige, der nach dem Schlagmann aufgeführt ist, der im vorausgegangenen Inning zuletzt an der Reihe war und seine Aktion zu Ende gebracht hat.

ANMERKUNG: Erfolgt das dritte Aus, während ein Schlagmann noch in Aktion ist, ist dieser Schlagmann der erste, der im nächsten Inning wieder schlägt. Der Count fängt dann wieder von vorne an.

6.02 a) Ist ein Schlagmann an der Reihe, muß er sofort seinen Platz im Schlagraum einnehmen.

b) Der Schlagmann darf den Schlagraum nicht verlassen, nachdem sich der Pitcher in der Setup Position befindet, oder wenn er in der Windup Position mit dem Wurf beginnt.

STRAFE: Bei jedem Pitch zählt der Schiedsrichter den Regeln gemäß "Strike" oder "Ball".
Unterbricht der Pitcher seine Wurfbewegung, weil der Schlagmann den Schlagraum verlassen hat, wird der Pitcher nicht mit einem Balk bestraft, sofern Läufer an den Bases stehen.

c) Weigert sich der Schlagmann, in den Schlagraum zu gehen, wenn er an der Reihe ist, kann der Schiedsrichter den Pitcher auffordern, seine Pitches zu werfen, wobei er jeden Pitch als "Strike" zählt. Der Schlagmann kann sich jederzeit in den Schlagraum stellen, der Count gilt jedoch weiter. Stellt sich der Schlagmann nicht in den Schlagraum, bevor drei "Strikes" gezählt wurden, wird er Aus erklärt.

6.03 Der Schlagmann muß sich mit beiden Füßen in den Schlagraum stellen. Die kennzeichnenden Linien sind Bestandteil des Schlagraumes.

6.04 Ein Schlagmann schlägt solange, bis er entweder Aus gemacht oder zum Läufer wird.

6.05 Ein Schlagmann ist Aus wenn:

a) Ein Fair oder Foul Fly Ball (ausgenommen ein Foul Tip) entsprechend den Regeln von einem Feldspieler direkt aus der Luft gefangen wurde;

b) der dritte "Strike" vom Fänger „regelgerecht" gefangen wurde;
„regelgerecht gefangen" bedeutet, daß der Ball im Handschuh liegt, ohne den Boden vorher berührt zu haben. Er ist nicht „regelgerecht gefangen" worden, wenn er in der Kleidung oder im Brustschutz stecken bleibt oder wenn der Fän-

ger den Ball fängt, nachdem dieser den Schiedsrichter berührt hat. Wenn ein Foul Tip durch den Handschuh des Fängers rutscht und dann mit beiden Händen vor dem Körper gefangen wird, bevor er den Boden berührt hat, gilt dies als Strike. War dies der dritte "Strike", ist der Schlagmann Aus.

c) der dritte "Strike" vom Fänger nicht richtig gefangen wurde, während das First Base besetzt und bevor zwei Spieler Aus waren;

d) er beim dritten "Strike" einen Bunt schlägt, der im Foul Territory landet;

e) ein Infield Fly angesagt wurde;

f) er beim Versuch, den dritten "Strike" zu schlagen, vom Ball getroffen wird;

g) ein Fair Ball ihn berührt, bevor der Ball einen Feldspieler berührt hat;

h) nach einem Schlag oder Bunt ins Fair Territory, der Schläger den Ball ein zweites Mal berührt. Der Ball ist tot, und kein Läufer darf weiter vorrücken. Im Fall, daß der Schlagmann seinen Schläger fallen läßt, und nach Ansicht des Schiedsrichters keine Absicht vorhanden war, den Ball in seiner Flugbahn zu beeinflußen, wird weitergespielt.

Zerbricht ein Schläger und Teile davon berühren den Ball, einen Läufer oder einen Feldspieler im Fair Territory, läuft das Spiel weiter.

Ein Schläger, der (absichtlich oder unabsichtlich) ins Fair Territory geworfen wird und dabei einen Defensivspieler trifft, der im Begriff war, einen Spielzug auszuführen, gilt als Behinderung.

Berührt ein geschlagener Ball einen Helm, egal ob im Fair oder Foul Territory, so läuft das Spiel weiter.

Ein Läufer, der absichtlich seinen Helm fallen läßt bzw. ihn nach dem Ball wirft und ihn berührt, wird Aus erklärt, wobei alle Läufer auf ihre Ausgangsbases zurückkehren müssen.

i) er nach einem Schlag oder Bunt ins Foul Territory absichtlich den Ball auf irgendeine Weise ablenkt, während er zum First Base läuft. Der Ball ist tot, und kein Läufer darf weiter vorrücken;

j) nach einem gültigen Schlag oder einem dritten "Strike" der Batter-Runner von einem Feldspieler berührt wird oder er das First Base berührt, bevor es der Batter-Runner erreicht hat;

k) der Ball entlang der First Baseline gespielt wird, und er nicht innerhalb des Korridors, der durch die Spielfeldlinie und die Three Foot First Baseline gebildet wird, zum First Base läuft und dabei den Feldspieler am First Base hindert. Der Schlagmann ist nicht Aus, wenn er dem Feldspieler ausweichen muß, der den Ball entlang der Spielfeldlinie spielt;

l) ein Feldspieler einen Fair Fly Ball oder Line Drive absichtlich fallen läßt, wenn das First, First und Second, First und Third oder First, Second und Third Base besetzt sind, bevor zwei Spieler Aus sind. Der Ball ist tot, und alle Läufer kehren auf ihre vorherigen Bases zurück.

Regelauslegung: In dieser Spielsituation ist der Schlagmann nicht Aus, wenn der Innenfeldspieler den Ball unberührt zu Boden fallen läßt, es sei denn, die Infield Fly Regel tritt in Kraft;

m) ein Läufer, nach Ansicht des Schiedsrichters, absichtlich einen Feldspieler beim Fangen oder Werfen des Balles behindert, um einen Spielzug zu vollenden;

n) bei zwei Aus, zwei "Strike" gegen den Schlagmann und einem Läufer am Third Base, dieser versucht, die Home Plate zu stehlen und dabei in der Strike Zone vom Pitch getroffen wird. Der Schiedsrichter ruft "Strike Three", der Schlagmann ist Aus, und der Punkt zählt nicht. Bei weniger als zwei Aus ruft der Schiedsrichter "Strike Three", der Ball ist tot, und der Punkt zählt.

6.06 Ein Schlagmann ist wegen unerlaubter Spielweise Aus, wenn:

a) Er einen unerlaubten Schlag ausführt;
Bei einem Intentional Base on Balls darf der Schlagmann nicht den Schlagraum verlassen, um nach dem Pitch zu schlagen.

b) er den Schlagraum wechselt, während der Pitcher zum Werfen ansetzt;

c) er den Fänger beim Fangen oder Werfen behindert, indem er aus dem Schlagraum tritt, oder wenn er durch andere Bewegungen den Fänger daran hindert, einen Spielzug an der Home Plate durchzuführen;
***AUSNAHME:** Der Schlagmann ist nicht Aus, wenn ein Läufer, beim Versuch weiter vorzurücken, Aus gemacht wird oder beim Versuch, einen Punkt zu erzielen wegen Behinderung des Schlagmannes Aus erklärt wird.*
Behindert der Schlagmann den Fänger, ruft der Hauptschiedsrichter „Behinderung". Der Schlagman ist Aus und der Ball tot. Die Läufer bleiben an dem Base stehen, das sie gerade berührt haben, als die Behinderung geschah.
Gelingt dem Fänger der Spielzug trotzdem, ist nur der Läufer Aus, und das Spiel läuft weiter.
Schlägt der Schlagmann nach einem Ball, trifft ihn nicht und berührt den Fänger oder den Ball beim Ausschwingen unbeabsichtigt ist dies keine Behinderung, sondern nur ein "Strike". Der Ball ist tot, und kein Läufer darf weiter vorrücken.

d) er einen Schläger benutzt, der nicht den Vorschriften entspricht.
Kein Läufer darf weiter vorrücken, jedes Aus ist jedoch gültig.
Zusätzlich kann der Schlagmann vom Spielfeld verwiesen werden, wobei noch weitere Schritte gegen ihn eingeleitet werden können.

e) er, nach einer Aufforderung des Schiedsrichters einen Helm zu tragen, dieser Aufforderung nicht nachkommt.

6.07 Nichteinhalten der Schlagreihenfolge

a) Ein Schlagmann kann durch Einspruch Aus erklärt werden, wenn er an der Reihe ist, jedoch ein anderer an seiner Stelle schlägt. Der richtige Schlagmann kann jedoch jederzeit eingesetzt werden, bevor der falsche Schlagmann entweder Aus gemacht oder zum Läufer geworden ist. Der Count bleibt bestehen.

b) Wird ein falscher Schlagmann zum Läufer oder Aus gemacht, und die Defensivmannschaft erhebt Einspruch, bevor der erste Pitch zum nächsten Schlagmann geworfen wurde, oder bevor ein Spielzug bzw. der Versuch eines Spielzuges ausgeführt wurde, muß der Schiedsrichter:

1) Den richtigen Schlagmann Aus erklären;

2) jedes Vorrücken der Läufer und jeden Punkt annullieren, der durch den falschen Schlagmann verursacht wurde.

ANMERKUNG: Rückt ein Läufer vor, während der falsche Schlagmann schlägt, sich auf einem Stolen Base befindet oder wenn ein Balk, Wild Pitch oder Passed Ball vorliegt, so ist dies gültig.

c) Wird ein falscher Schlagmann zum Läufer oder Aus gemacht, und der erste Pitch zum nächsten Schlagmann wird geworfen, bevor Einspruch erhoben wurde, wird der falsche Schlagmann zum richtigen, und alle seine Spielzüge sind gültig.

d) 1) Wird der richtige Schlagmann Aus erklärt, so kommt der Schlagmann an die Reihe, dessen Name dem des vorhergehenden Schlagmannes folgt.

2) Wird der falsche Schlagmann zum richtigen, weil kein bzw. zu spät Einspruch erhoben wurde, ist der nächste Schlagmann derjenige, dessen Name dem des richtigen Schlagmannes folgt. Die Schlagreihenfolge geht dann bei dem Schlagmann weiter, der zum richtigen Schlagmann geworden ist.

Es ist nicht die Aufgabe des Schiedsrichters, darauf aufmerksam zu machen, daß ein „falscher" Schlagmann im Schlagraum steht.

6.08 Der Schlagmann wird zum Läufer und bekommt das First Base zugesprochen, wenn:

a) Vier "Balls" vom Schiedsrichter gezählt wurden;

Sind alle Bases besetzt oder wird ein Pinch Runner für den Schlagmann eingesetzt, muß er das First Base berühren, bevor die Läufer ein Base weiter vorrücken.

Ein Läufer kann durch Berührung mit dem Ball Aus erklärt werden, wenn er das Base überrutscht bzw. nicht berührt hat.

b) Wenn er von einem geworfenen Ball getroffen wird, den er nicht zu schlagen versucht, es sei denn:

1) Der Ball war in der Strike Zone, als er den Schlagmann traf und

2) der Schlagmann zeigte keine Absicht, dem Ball auszuweichen.

ANMERKUNG: War der Ball in der Strike Zone, als er den Schlagmann traf, zählt der Schiedsrichter einen "Strike", wobei es unerheblich ist, ob der Schlagmann dem Ball ausweichen wollte oder nicht. War der Ball außerhalb der Strike Zone, als er den Schlagmann traf, kann der Schiedsrichter einen "Ball" zählen, wenn der Schlagmann keine Absicht zeigte, dem Ball auszuweichen.

Regelauslegung: Bekommt der Schlagmann das First Base nicht zugesprochen, nachdem er von einem Pitch getroffen wurde, ist der Ball tot, und kein Läufer darf weiter vorrücken;

c) wenn ihn der Fänger oder ein Feldspieler behindert. Ergibt sich trotz der Behinderung ein Spielzug, so kann der Manager der Offensivmannschaft den Schiedsrichter darum bitten, sofort nach Beendigung des Spielzuges, die Behinderung zu annullieren und den Spielzug gelten zu lassen. Gelangt der Schlagmann jedoch durch einen Hit, einen Fehler, ein Base on Balls oder anderweitig auf das First Base, und alle Läufer rücken wenigstens ein Base weiter vor, wird die Behinderung aufgehoben;

d) wenn ein Fair Ball einen Schiedsrichter oder einen Läufer im Fair Territory trifft, bevor der Ball einen Feldspieler berührt.

Geschieht eine Behinderung während eines Spielzuges, so läßt der Schiedsrichter das Spiel weiterlaufen bis der Spielzug beendet ist, da der Manager nachfolgend die Wahl hat, die Aktion gelten zu lassen oder nicht.

Regelauslegung

1) Läufer am Third Base, ein Aus: Der Schlagmann schlägt einen Fly Ball ins Außenfeld, woraufhin der Läufer einen Punkt erzielt. Der Schlagmann wurde jedoch vom Fänger behindert. Der Manager der Offensivmannschaft kann nun wählen:

a) Der Punkt zählt, und der Schlagmann ist Aus;

b) der Schlagmann bekommt das First Base zugesprochen, und der Läufer verbleibt am Third Base.

2) Läufer am Second Base: Der Fänger behindert den Schlagmann bei einem gelungenen Bunt, der den Läufer zum dritten Base vorrücken läßt. Der Manager hat nun die Wahl:

a) Der Schlagmann ist Aus mit einem Läufer am Third Base;

b) ein Läufer am First und einen am Second Base.

Bei einer Behinderung durch den Fänger erhält nur der Schlagmann das Anrecht auf das First Base. Die Läufer müssen auf ihren Bases stehenbleiben, es sei denn, sie waren im Begriff, ein Base zu stehlen.

ANMERKUNG: Trifft ein Fair Ball einen Schiedsrichter, nachdem er einen Innenfeldspieler passiert hat (Pitcher ausgenommen) oder einen Feldspieler berührt hat (Pitcher inbegriffen), bleibt der Ball im Spiel.

6.09 Der Schlagmann wird zum Läufer, wenn:
a) Er einen Fair Ball schlägt;
b) der dritte Strike nicht gefangen wurde, vorausgesetzt,
1) das First Base ist nicht besetzt oder
2) das First Base ist besetzt bei zwei Aus.
Bei einem dritten Strike, der nicht durch den Catcher gefangen wird, muß der Catcher den Ball zum ersten Base werfen; der First Baseman muß mit dem gefangenen Ball das First Base berühren. Runner ist Aus. Der Schlagmann ist automatisch aus, wenn er die Spielerbank bzw. das Dugout erreicht hat.

c) ein Fair Ball, nachdem er an einem Feldspieler (Pitcher ausgenommen) vorbeigegangen ist oder von einem Feldspieler (Pitcher inbegriffen) berührt wurde, einen Schiedsrichter oder Läufer im Fair Territory trifft;
d) ein Fair Fly Ball über die Spielfeldbegrenzung hinaus geschlagen wird. Solch ein Hit berechtigt den Schlagmann zu einem Home Run;
e) ein Fair Ball, nachdem er den Boden berührt hat, außerhalb des Spielfeldes landet. Der Schlagmann und alle Läufer dürfen zwei Bases vorrücken;
f) ein Fair Ball, direkt oder nachdem er den Boden berührt hat, durch oder unter einen Zaun, eine Absperrung, eine Öffnung o.ä. aus dem Spielfeld fliegt oder rollt. Der Schlagmann und alle Läufer dürfen zwei Bases vorrücken;
g) ein Feldspieler einen Fair Ball, nachdem der Ball den Boden berührt hat, aus dem Spielfeld lenkt. Der Schlagmann und alle Läufer dürfen zwei Bases vorrücken;
h) ein Feldspieler einen Fair Fly Ball in das Foul Territory außerhalb des Spielfeldes lenkt. Der Schlagmann darf zwei Bases vorrücken. Wurde der Fair Fly Ball über den Zaun in das Fair Territory gelenkt, erhält der Schlagmann einen Home Run, sofern die Distanz Home Plate — Ende Außenfeld mindestens 121 m beträgt. Ist die Distanz kürzer, darf er nur bis zum Second Base vorrücken.

6.10 Die Regelungen bezüglich des Einsatzes von Designated Hitters werden von den Ligen, bzw. Verbänden selbst bestimmt.
Treffen Mannschaften mit unterschiedlichen Regelungen aufeinander, gelten die Bestimmungen der Heimmannschaft.
Der Einsatz von Designated Hitters ist wie folgt geregelt:

— ein Spieler kann als Designated Hitter für jeden Pitcher, der ins Spiel genommen wird, eingesetzt werden. Die Stellung des Pitchers wird dabei in keiner Weise beeinträchtigt. Der Designated Hitter muß jedoch vor Spielbeginn aufgestellt und in der Lineup aufgeführt sein, die dem Hauptschiedsrichter vor dem Spiel ausgehändigt wird. Dieser Designated Hitter muß mindestens einmal schlagen, sofern die gegnerische Mannschaft nicht ihre Pitcher auswechselt;

— es steht jeder Mannschaft frei, einen Designated Hitter einzusetzen. Hat eine Mannschaft vor Spielbeginn darauf verzichtet, einen Designated Hitter einzusetzen, gilt dies für das ganze Spiel;

— ein Pinch Hitter kann an Stelle des Designated Hitters eingesetzt werden. Jeder Spieler, der an Stelle des Designated Hitters schlägt, wird selbst zum Designated Hitter. Ein ausgewechselter Designated Hitter kann nicht mehr im selben Spiel eingesetzt werden;

— ein Designated Hitter kann auch als Feldspieler eingesetzt werden und gleichzeitig seinen Platz in der Schlagreihenfolge behalten. Der Pitcher muß dann den Platz in der Schlagreihenfolge einnehmen, den der ausgewechselte Spieler innehatte, sofern nicht mehrere Spieler gleichzeitig ausgewechselt werden. In diesem Fall muß der Manager dem Hauptschiedsrichter deren Platz in der Schlagreihenfolge mitteilen;

— ein Runner kann für den Designated Hitter eingesetzt werden. Dieser übernimmt dann die Rolle des Designated Hitters. Ein Designated Hitter kann nicht als Pinch Runner eingesetzt werden;

— der Platz, den der Designated Hitter in der Schlagreihenfolge inne hat, kann nicht verändert werden. Es dürfen auch keine Auswechslungen vorgenommen werden, die diesen Platz verändern würden;

— wird der Pitcher als Feldspieler eingesetzt, ist die Funktion des Designated Hitters für den Rest des Spieles aufgehoben.

— wird ein Pinch Hitter für irgendeinen Spieler, der in der Schlagreihenfolge aufgeführt ist, eingesetzt, und dieser Pinch Hitter wird als Pitcher ins Spiel genommen, scheidet der Designated Hitter für den Rest des Spieles aus;

— schlägt der Pitcher an Stelle des Designated Hitters, so scheidet der Designated Hitter für den Rest des Spieles aus (der Pitcher kann nur als Pinch Hitter für den Designated Hitter eingesetzt werden);

— wird ein Designated Hitter als Feldspieler eingesetzt, so ist seine Funktion als Designated Hitter für den Rest des Spieles aufgehoben. Der Ersatzspieler für den Designated Hitter muß erst bekannt gegeben werden, wenn dieser schlagen soll.

Abb. 77/78

7.00 Der Läufer

7.01 Ein Läufer hat Anspruch auf ein unbesetztes Base, wenn er es berührt, bevor er Aus ist. Er kann solange auf dem Base stehenbleiben, bis er Aus gemacht wird oder gezwungen wird, es für einen anderen Läufer zu räumen, der nach den Regeln einen Anspruch auf dieses Base erworben hat.

7.02 Der Läufer muß die Bases in der Reihenfolge First, Second, Third Base und Home Plate anlaufen. Ist er gezwungen zurückzulaufen, muß er die Bases in umgekehrter Reihenfolge berühren. Er kann nur auf direktem Wege zu seinem Ausgangsbase zurückkehren, wenn der Ball tot ist (siehe Regel 5.09).

7.03 Es darf nur ein Läufer auf einem Base stehen. Wenn zwei Läufer ein Base berühren, während der Ball im Spiel ist, kann der zweite durch Berührung Aus gemacht werden. Der erste Läufer hat das Anrecht auf das Base.

7.04 Jeder Läufer hat das Recht, ein Base weiter vorzurücken, wenn:

a) Der Pitcher einen Wurffehler (Balk) begangen hat;

b) der Schlagmann das Anrecht auf das First Base erhalten hat, und der Läufer dadurch gezwungen wird, das Base freizumachen; oder wenn ein Fair Ball einen Läufer oder einen Schiedsrichter trifft, bevor er von einem Feldspieler berührt wurde oder an ihm vorbeigeflogen ist, sofern der Läufer zum nächsten Base vorrücken muß.

Beispiel: Zwei Aus, alle Bases besetzt. Der Schlagmann erhält einen Walk. Der Läufer, der auf dem Second Base stand, erhält das Anrecht auf das Third Base, läuft aber weiter zur Home Plate und wird vom Fänger Aus gemacht. Der Punkt, der von dem Läufer erzielt wurde, der vor ihm lief, ist gültig, da dieser durch den Walk des Schlagmannes erzielt wurde.

c) ein Feldspieler einen Fly Ball fängt und über ein Hindernis oder in die Zuschauer fällt, sofern sich diese auf dem Spielfeld befinden;

d) er im Begriff ist, ein Base zu stehlen, und der Schlagmann vom Fänger oder von einem Feldspieler behindert wird.

7.05 Jeder Läufer (Batter-Runner inbegriffen) kann, ohne Aus gemacht werden zu können:

a) Bis zur Home Plate vorrücken und einen Punkt erzielen, wenn ein Fair Ball im Flug außerhalb des Spielfeldes landet. Dies gilt ebenfalls, wenn ein Feldspieler einen Fair Ball auf irgendeine Weise von seiner Flugrichtung abbringt, der nach Ansicht des Schiedsrichters hinter der Spielfeldbegrenzung gelandet wäre;

b) drei Bases vorrücken, wenn ein Feldspieler absichtlich einen Fair Ball mit seiner Kappe, Maske oder einem anderen nicht den Regeln entsprechend angebrachten Ausrüstungsgegenstand berührt. Der Ball bleibt im Spiel, und der Schlagmann kann auf sein eigenes Risiko bis zur Home Plate vorrücken;

c) drei Bases vorrücken, wenn ein Feldspieler seinen Handschuh nach einem Fair Ball wirft und ihn berührt. Der Ball bleibt im Spiel, und der Schlagmann kann auf sein eigenes Risiko bis zur Home Plate vorrücken;

d) zwei Bases vorrücken, wenn ein Feldspieler mit einem anderen Gegenstand als seinem Handschuh nach einem geworfenen Ball wirft und ihn berührt. Der Ball bleibt im Spiel;

e) zwei Bases vorrücken, wenn ein Feldspieler seinen Handschuh nach einem geworfenen Ball wirft und ihn berührt. Der Ball bleibt im Spiel;

f) zwei Bases vorrücken, wenn ein Fair Ball hinter dem First oder Third Base aufprallt oder in seiner Richtung beeinflußt wird und außerhalb des Spielfeldes landet. Dies gilt ebenfalls, wenn der Ball in einem Zaun, an einer Anzeigetafel o.ä. hängenbleibt;

g) zwei Bases vorrücken, wenn ein geworfener Ball außerhalb des Spielfeldes landet. Wird der Ball nach einem Schlag oder einem Feldspiel zu einem Base geworfen, wobei der dort postierte Defensivspieler überworfen wird, und der Ball nicht mehr spielbar ist (Zaun, Gebüsch etc.), so erhält der sich an einem Base befindliche Offensivspieler zwei weitere Bases zugesprochen.

Wird der Ball nach einem regulären Schlag von einem Defensivspieler aufgenommen, und dieser überwirft ebenfalls den an einem Base postierten Spieler, so erhält der Schlagmann, vom Home Base aus gerechnet, zwei Bases zugesprochen.

h) ein Base vorrücken, wenn der Pitcher zum Schlagmann oder in Richtung eines Bases wirft, mit der Absicht, einen Läufer Aus zu machen, und dieser Ball unter eine Bank rollt oder in einem Zaun, an einer Anzeigetafel, o.ä. hängenbleibt. Der Ball ist tot;

i) ein Base vorrücken, wenn bei "Ball four" oder "Strike three" der Fänger den Ball nicht fängt, und dieser im Brustschutz oder in der Maske des Schiedsrichters hängen bleibt.

ANMERKUNG: Wird der Schlagmann von einem Wurf getroffen, wird er zum Läufer, und es erhalten alle Läufer ein Base zugesprochen. In diesem Fall erhält der Schlagmann nur das Anrecht auf das First Base.

Darf ein Läufer ein oder mehrere Bases weiter vorrücken, muß er die Bases berühren, die dazwischen liegen. Unterläßt er dies, kann er durch Einspruch Aus erklärt werden. Dies gilt ebenfalls, wenn der Läufer zurücklaufen muß.

7.06 Bei einem Sperren ohne Ball signalisiert der Schiedsrichter „Behinderung" (Obstruction), wenn:

a) ein Läufer, der soeben in das Spielgeschehen eingreift, gesperrt wird, oder wenn der Batter-Runner gesperrt wird, bevor er das First Base erreicht hat. Der Ball ist tot, und alle Läufer dürfen bis zu dem Base vorrücken, das sie nach Ansicht des Schiedsrichters ohne die geahndete Behinderung erreicht hätten. Der Läufer, der gesperrt wurde, darf ein Base weiter vorrücken. Als Ausgangspunkt zählt das Base, das er ohne Behinderung erreicht hätte.
Nach dem "Obstruction-Signal" ist der Ball sofort tot. Ist ein Spielzug im Gange, ist der Ball erst nach Beendigung des Spielzugs tot.

b) ein Läufer, der nicht in das Spielgeschehen eingreift, gesperrt wird. Der Spielverlauf wird erst dann unterbrochen, wenn ein Weiterspielen unmöglich ist. Der Schiedsrichter ruft "Time" und verhängt die entsprechenden Strafen.
ANMERKUNG: Läuft ein Läufer zur Home Plate, darf der Fänger ihm den Weg nur dann versperren, wenn er in Ballbesitz ist.

7.07 Läuft ein Läufer vom Third Base zur Home Plate und der Fänger oder ein Feldspieler versperrt ihm die Home Plate, ohne in Ballbesitz zu sein oder der Fänger bzw. ein Feldspieler berührt den Schlagmann oder dessen Schläger, ermöglicht der Schiedsrichter dem Pitcher einen Balk und erteilt dem Schlagmann das Anrecht auf das First Base. Der Ball ist tot.

7.08 Ein Läufer ist Aus, wenn:
a) 1) er mehr als 0,90 m links oder rechts abseits der direkten Linie zwischen zwei Bases läuft, um einem Feldspieler, der sich in Ballbesitz befindet, auszuweichen. Dies gilt nicht, wenn er einem Feldspieler ausweichen muß, der im Begriff ist, einen geschlagenen Ball zu spielen;

2) er nach Berührung des First Bases zur Spielerbank zurückkehrt und offensichtlich kein Bemühen zeigt, das nächste Base anzulaufen.
***Beispiel:** Weniger als zwei Aus, Läufer am First Base, Spiel unentschieden in der letzten Hälfte des neunten Innings. Der Schlagmann schlägt einen Home Run außerhalb des Spielfeldes. Der Läufer am First Base läuft über das Second zum Third Base und kehrt, im Glauben, das Spiel sei bereits entschieden, zur Spielerbank zurück.*
Der Schiedsrichter kann den Läufer entsprechend der Regel 7.08 Aus erklären.

a) Der Schlagmann muß dann alle Bases berühren, damit sein Punkt anerkannt wird. Lagen bereits zwei Aus vor, als der Läufer zur Spielerbank zurückkehrte, gilt der Punkt des Schlagmannes nicht mehr.

b) er einen geworfenen Ball absichtlich in eine andere Richtung lenkt oder einen Feldspieler behindert, der im Begriff ist, einen geschlagenen Ball zu spielen;

Wird ein Läufer bei einem Rundown zwischen dem Third und dem Home Base wegen Behinderung Aus erklärt, während der nachfolgende Läufer bereits am Third Base steht, muß er auf das Second Base zurückkehren. Dies gilt bei jedem Rundown.

c) ihn ein Feldspieler mit dem Ball berührt, sofern er nicht in Kontakt mit einem Base steht. Der Ball muß hierbei im Spiel sein.

AUSNAHME: Ein Läufer kann nicht durch Berührung mit dem Ball Aus gemacht werden, wenn er das First Base überläuft oder überrutscht, sofern er von sich aus sofort wieder dorthin zurückkehrt.

1) Löste ein Läufer ein Base aus der Verankerung, bevor er Aus gemacht wurde, kann er nicht in einen Spielzug miteinbezogen werden.

2) Löst sich ein Base während eines Spielzuges aus seiner Verankerung, sind alle folgenden Läufer sicher, sofern sie die Stelle berühren, an der das Base vorher verankert war;

d) ein Fair oder Foul Fly Ball geschlagen wurde (Foul Tip ausgenommen) und er zum nächsten Base weiterläuft, ohne das alte Base nochmals zu berühren und ohne zu warten, bis der Ball gefangen wurde. Der Läufer ist jedoch erst dann Aus, wenn ein in Ballbesitz befindlicher Feldspieler das Base oder den Läufer mit dem Ball berührt. Der Läufer kann nicht mehr Aus gemacht werden, sobald der Pitcher den nächsten Pitch ausgeführt hat, oder ein Spielzug oder der Versuch eines Spielzuges von der Defensivmannschaft unternommen wurde. Bei dieser Regel muß die Defensivmannschaft auf jeden Fall beim Schiedsrichter Einspruch erheben;

e) er, bevor er das nächste Base erreicht hat:

1) von einem in Ballbesitz befindlichen Feldspieler mit dem Ball berührt wird;

2) dieser Feldspieler das Base berührt, da der Läufer gezwungen war, das besetzte Base freizumachen, nachdem der Schlagmann zum Läufer wurde. Dies gilt nicht mehr, sobald hinter ihm ein anderer Läufer Aus gemacht wurde. Überläuft oder überrutscht ein Läufer bei einem Force Play das Base, das er angelaufen hat, muß er ebenfalls mit dem Ball berührt werden, um ihn Aus zu machen. Begibt sich der Läufer jedoch zum alten Base (1. Base) zurück, ist er Aus, sobald ein in Ballbesitz befindlicher Feldspieler das Base (2. Base) berührt, auf dem der Läufer vorher stand;

Beispiel: *Ein Aus. Läufer am First und Third Base. Der Schlagmann schlägt einen Ball zum Shortstop. Der Ball wird zum Second Base geworfen, wobei der Läufer vom First Base vor dem Ball am Second Base eintrifft; der Ball wird dann zum First Base geworfen, und der Batter-Runner ist Aus. Mittlerweile hat der Läufer vom Third Base einen Punkt erzielt. Der First Basemann bemerkt aber, daß der Läufer das Second Base überrutscht hat; er wirft den Ball, und der Läu-*

fer wird durch Ballberührung Aus gemacht. In diesem Fall gilt der Punkt, da das dritte Aus nicht durch ein Force Play bewirkt wurde.

f) er im Fair Territory von einem Fair Ball getroffen wird, bevor der Ball einen Feldspieler passiert oder ihn berührt hat. Der Ball ist tot, und kein Läufer darf weiter vorrücken. Hiervon ausgenommen sind jedoch die Läufer, die dem Reglement entsprechend vorrücken **müssen**!

AUSNAHME: Berührt ein Läufer ein Base und wird von einem Infield Fly getroffen, ist nicht der Läufer, sondern der Schlagmann Aus.
ANMERKUNG: Wird ein Läufer, der das Base nicht berührt, von einem Infield Fly getroffen, sind beide, Läufer und Schlagmann, Aus;

g) er versucht, einen Punkt zu erzielen, und der Schlagmann ihn bei diesem Spielzug an der Home Plate behindert. Bei zwei Aus ist der Schlagmann Aus, und kein Punkt zählt;

h) er einen Läufer überholt, bevor dieser Aus ist;

i) er die Bases in der falschen Richtung zurückläuft oder quer über das Innenfeld läuft, mit dem Ziel, die Defensivmannschaft zu verwirren. Der Schiedsrichter ruft sofort "Time" und erklärt den Läufer Aus;

j) er nicht zum First Base zurückkehrt, nachdem er es überlaufen oder überrutscht hat. Versucht er direkt zum Second Base zu laufen, ist er Aus, wenn er mit dem Ball berührt wird. Kehrt er zur Spielerbank zurück, ist er im Falle eines erfolgten Einspruchs Aus, wenn er mit dem Ball berührt wird, oder wenn ein Feldspieler, der sich in Ballbesitz befindet, das First Base berührt;

k) er die Home Plate anläuft, sie nicht berührt und nicht zurückgeht, um sie nachträglich zu berühren. Gleichzeitig muß dann ein in Ballbesitz befindlicher Feldspieler die Home Plate berühren und beim Schiedsrichter Einspruch erheben.

7.09 Ein Läufer oder der Schlagmann begeht eine Behinderung, wenn:

a) er nach dem dritten "Strike" den Fänger daran hindert, den Ball zu fangen;

b) der Schlagmann nach einem geschlagenen Ball oder Bunt den Schläger derart wirft, daß er den Ball ein zweites Mal im Fair Territory berührt. Der Ball ist tot, und kein Läufer darf weiter vorrücken. Ist nach Ansicht des Schiedsrichters keine Absicht vorhanden, wird weitergespielt;

c) der Schlagmann auf irgendeine Weise absichtlich die Richtung eines Foul Balls verändert;

d) bei weniger als zwei Aus und einem Läufer am Third Base der Schlagmann einen Feldspieler an der Home Plate behindert, der soeben einen Spielzug durchführen will. Der Läufer ist Aus;

e) sich ein oder mehrere Mitglieder der Offensivmannschaft um das Base postieren, das vom Läufer angelaufen wird, mit der Absicht, die Feldspieler zu verwirren oder sie zu behindern. Der Läufer wird wegen Behinderung Aus erklärt;

f) ein Schlagmann oder Läufer, der gerade Aus gemacht wurde, in den gegen einen Läufer gerichteten Spielzug eingreift. Dieser Läufer kann ebenfalls wegen Behinderung seines Mannschaftskameraden Aus erklärt werden;

g) nach Ansicht des Schiedsrichters ein Läufer absichtlich einen geschlagenen Ball in seiner Richtung beeinflußt oder einen Feldspieler behindert, der im Begriff ist, einen geschlagenen Ball zu fangen, um somit ein Double Play zu verhindern. Der Ball ist tot. Der Schiedsrichter kann sowohl den Läufer als auch den Batter-Runner Aus erklären. Kein Läufer darf weiter vorrücken, und kein Punkt kann erzielt werden;

h) nach Ansicht des Schiedsrichters, ein Batter-Runner absichtlich einen geschlagenen Ball in seiner Richtung beeinflußt oder einen Feldspieler behindert, der im Begriff ist, den geschlagenen Ball zu fangen, um somit ein Double Play zu verhindern. Der Ball ist tot. Der Schiedsrichter kann den Batter-Runner sowie den der Home Plate am nächsten postierten Läufer wegen Behinderung Aus erklären. Dabei ist es unerheblich, ob das Double Play gelungen wäre oder nicht. Kein Läufer darf weiter vorrücken, und kein Punkt kann erzielt werden;

i) nach Ansicht des Schiedsrichters, der Feldtrainer am First oder Third Base den Läufer festhält oder berührt, um ihn davor zu bewahren, Aus gemacht zu werden;

k) der Ball entlang der First Baseline gespielt wird, und er außerhalb des Korridors, der durch die Spielfeldlinie und die Three Foot First Baseline gebildet wird, zum First Base läuft und dabei den Feldspieler am First Base behindert. Der Schlagmann ist nicht Aus, wenn er dem Feldspieler ausweichen muß, der den Ball entlang der Spielfeldlinie spielen will.

l) ein Läufer einem Feldspieler nicht ausweicht, der einen geschlagenen Ball spielen will. Es gilt ebenfalls als Behinderung, wenn der Läufer den geworfenen Ball absichtlich in seiner Richtung beeinflußt. Versuchen zwei oder mehrere Feldspieler einen geschlagenen Ball zu spielen, ist der Läufer Aus, wenn er nach Ansicht des Schiedsrichters den Feldspieler behindert hat, der den Ball gefangen hätte. Behindert der Läufer jedoch einen anderen Feldspieler, so muß der Schiedsrichter den Läufer nicht Aus erklären;

Läuft der Fänger dem Batter-Runner bis zum First Base hinterher, und beide kommen miteinander in Berührung, liegt in der Regel keine Behinderung vor. Der Läufer kann sogar das First Base zugesprochen bekommen, wenn z.B. der Fänger den Ball fängt, und ein Feldspieler dem Läufer den Weg versperrt oder ihn am Lauf hindert.

m) er im Fair Territory von einem Fair Ball getroffen wird, bevor der Ball einen Feldspieler berührt hat. Rollt ein Fair Ball durch die Beine oder fliegt er direkt an einem Feldspieler vorbei und trifft den Läufer, der sich unmittelbar hinter ihm befindet, oder wird dieser Ball vom Innenfeldspieler umgelenkt, bevor er den Läufer trifft, muß der Schiedsrichter den Läufer nicht Aus erklären, sofern kein anderer Feldspieler in Ballbesitz gekommen wäre. Hat der Läufer nach Ansicht des Schiedsrichters den Ball mit dem Fuß absichtlich in seiner Richtung beeinflußt, so muß er ihn Aus erklären.
STRAFE FÜR BEHINDERUNG: Der Läufer ist Aus, und der Ball ist tot.

7.10 Ein Läufer kann durch Einspruch Aus erklärt werden, wenn:

a) er, nachdem ein Fly Ball gefangen wurde, das Base nicht nochmals berührt, und er durch einen Feldspieler, der sich in Ballbesitz befindet, mit dem Ball berührt wird, oder dieser Feldspieler das Base berührt;

b) er, während der Ball im Spiel ist, ein Base anläuft oder zu einem Base zurückläuft und die angelaufenen Bases nicht in der richtigen Reihenfolge berührt. Das ausgelassene Base muß berührt werden, bevor der Läufer oder das ausgelassene Base von einem in Ballbesitz befindlichen Feldspieler berührt werden.

Regelauslegung:

1) Ein Läufer kann nicht mehr zurück, um ein ausgelassenes Base zu berühren, wenn ein nachfolgender Läufer einen Punkt erzielt hat.

2) Ist der Ball tot, darf kein Läufer zurück- oder vorlaufen, um ein ausgelassenes Base zu berühren;

c) er das First Base überlaufen oder überrutscht hat und nicht sofort zum Base zurückkehrt, und er vom Ball berührt wird, oder ein in Ballbesitz befindlicher Feldspieler das Base berührt;

d) er nicht die Home Plate berührt und auch keine Absicht zeigt, sie berühren zu wollen und stattdessen ein in Ballbesitz befindlicher Feldspieler diese berührt. Bei dieser Regel müssen die Einsprüche geltend gemacht werden, bevor der nächste Pitch geworfen bzw. ein Spielzug oder der Versuch eines Spielzuges unternommen wurde. Erfolgt eine Regelwidrigkeit während eines Spielzuges, der das Ende eines Innings zur Folge hat, muß Einspruch erhoben werden, bevor die Defensivmannschaft das Feld verlassen hat.
Ein Einspruch kann nicht als Spielzug oder versuchter Spielzug interpretiert werden.
Es können nicht mehrere Einsprüche gegen den selben Läufer am selben Base erhoben werden. Begeht die Defensivmannschaft einen Fehler, wenn sie Einspruch erheben will, ist dieser Einspruch nicht mehr gültig (z.B. wenn der Pitcher den Ball zum First Baseman werfen will, um dort Einspruch zu erheben, ihn stattdessen jedoch in die Zuschauerränge wirft).

Wird Einspruch erhoben während eines Spielzuges, der das dritte Aus zur Folge hat, hat dieser Einspruch Vorrang vor dem aus dem Spielzug resultierenden Aus. Werden mehrere Einsprüche bei einem Spielzug erhoben, der das Inning beendet, kann die Defensivmannschaft den Einspruch wählen, der für sie am günstigsten erscheint.

7.11 Mitglieder oder Trainer der Offensivmannschaft müssen den Platz freimachen (Spielerbank inbegriffen), der von einem Innenfeldspieler in Anspruch genommen wird, um einen Ball zu fangen oder zu spielen.
STRAFE: Der Schiedsrichter kann den Schlagmann oder den Läufer, der in den Spielzug verwickelt worden wäre, Aus erklären.

7.12 Bevor zwei Aus vorliegen, ist der Läufer, der nach demjenigen läuft, der den Fehler begangen hat, davon nicht betroffen. Sobald ein Läufer durch Einspruch als dritter Spieler Aus erklärt wird, können nachfolgende Läufer keinen Punkt mehr erzielen. Hat ein Double Play das dritte Aus zur Folge, können weder vorherige noch nachfolgende Läufer einen Punkt erzielen.

Abb. 79/80

8.00 Der Pitcher

8.01 Zwei Wurfpositionen sind erlaubt: die Windup Position und die Setup Position. Beide können während des Spieles jederzeit vom Pitcher eingenommen werden.
Der Pitcher sollte nur dann Zeichen vom Fänger erhalten, wenn er auf der Pitcher's Plate steht.

a) **Die Windup Position:** Der Pitcher steht mit dem Oberkörper zum Schlagmann gerichtet, das Standbein in Berührung mit der Vorderkante der Pitcher's Plate bzw. **auf** der Pitcher's Plate. Aus dieser Position kann der Pitcher im Rahmen eines natürlichen Bewegungsablaufs (ohne Unterbrechung und Richtungsänderung) den Ball zum Schlagmann werfen. Während des Wurfes und bis der Ball die Wurfhand des Pitchers verlassen hat, muß das Standbein mit der Pitcher's Plate in Berührung bleiben. Mit dem anderen Fuß kann der Pitcher einen Schritt rückwärts über die Pitcher's Plate ausführen.
ANMERKUNG: Steht ein Pitcher mit dem Standbein in Kontakt zu der Vorderkante der Pitcher's Plate bzw. auf der Pitcher's Plate und hält den Ball mit beiden Händen vor dem Körper, so gilt dies als Windup Position.

b) **Die Set Position:** Der Pitcher steht mit dem Oberkörper zum Schlagmann gerichtet, das Standbein in Berührung mit der Vorderkante der Pitcher's Plate bzw. auf der Pitcher's Plate, wobei er den Ball mit beiden Händen vor dem Körper hält und zu einem absoluten Bewegungsstillstand kommt.
Aus diesen Positionen kann er zu dem Schlagmann oder zu einem Base werfen oder mit dem Standbein einen Schritt rückwärts ausführen, um den Kontakt mit der Pitcher's Plate aufzuheben. Bevor der Pitcher in die Set Position gelangt, darf er eine vorbereitende Bewegung ausführen. Er muß jedoch nach dieser Bewegung zu einem absoluten Bewegungsstillstand kommen. Danach kann er ohne Unterbrechung oder Richtungsänderung den Ball zum Schlagmann werfen.

c) Bevor der Pitcher einen Wurf zum Schlagmann vorbereitet, kann er jederzeit zu einem Base werfen, vorausgesetzt, er stellt den freien Fuß in die Wurfrichtung, bevor er wirft.

d) Wirft der Pitcher einen unerlaubten Wurf, und es stehen keine Läufer auf den Bases, wird dies vom Schiedsrichter als "Ball" gezählt, es sei denn, der Schlagmann erreicht das First Base durch einen Hit, einen Fehler, ein Base on Balls oder aus einem anderen Grund.

e) Nimmt der Pitcher sein Standbein von der Pitcher's Plate, indem er einen Schritt rückwärts ausführt, wird er zum Innenfeldspieler und jeder Ball, den er wirft, wird als Wurf eines Innenfeldspielers gewertet.

8.02 Dem Pitcher ist es nicht erlaubt:

1) die Wurfhand mit dem Mund oder den Lippen in Berührung zu bringen, ohne sie (die Wurfhand) danach deutlich sichtbar abzuwischen.

STRAFE: Bei begangener Regelwidrigkeit wertet der Schiedsrichter dem Pitcher einen "Ball". Wurde der Pitch trotzdem geworfen, der Schlagmann erreicht dadurch das First Base, und es wurde kein Läufer Aus gemacht, während der Batter-Runner zum First Base lief, so wird die Regelwidrigkeit aufgehoben;

2) irgendeine Substanz auf den Ball zu bringen;

3) auf den Ball, in die Hände oder auf den Handschuh zu spucken;

4) den Ball an dem Handschuh oder der Bekleidung zu reiben;

5) auf irgendeine Weise den Ball zu beschädigen;

6) Bälle zu werfen, die als "Shine Ball", "Spit Ball", "Mud Ball" oder "Emery Ball" bezeichnet werden. Er darf jedoch den Ball mit beiden Händen reiben;

STRAFE: Für das Verletzen dieser Regeln 8.02 a)2) bis 6) kann der Schiedsrichter:

A) den Pitch als "Ball" werten und den Pitcher verwarnen;

B) nach wiederholter Regelwidrigkeit den Pitcher vom Spielfeld stellen;

C) Folgt dieser Regelwidrigkeit ein Spielzug, kann der Manager der Offensivmannschaft unmittelbar nach dem Spielzug den Schiedsrichter davon unterrichten, daß er ihn akzeptiert. Gelangt der Schlagmann trotzdem auf das First Base, und kein Läufer wurde Aus gemacht, so wird das Spiel fortgesetzt;

D) die Regeln A) und B) anwenden, gleich ob der Manager der Offensivmannschaft den Spielzug akzeptiert oder nicht;

E) Der Schiedsrichter hat die alleinige Entscheidung, ob und wann eine oder mehrere dieser Regeln mißachtet wurden;

b) eine fremde Substanz mit sich zu führen. Bei regelwidrigem Handeln wird er vom Schiedsrichter des Spielfeldes verwiesen;

c) das Spiel absichtlich zu verzögern, indem er den Ball zu einem Mitspieler wirft (Fänger ausgenommen), wenn der Schlagmann im Schlagraum steht. Dies gilt nicht, wenn auf diese Weise ein Läufer Aus gemacht werden soll.

STRAFE: Bei Wiederholung (nach einer Verwarnung) wird der Pitcher des Spielfeldes verwiesen;

d) absichtlich den Schlagmann anzuwerfen.

Hat der Pitcher eine dieser Regelwidrigkeiten begangen, wird er sowie dessen Manager verwarnt und darüber in Kenntnis gesetzt, daß der Pitcher im Wiederholungsfall des Spielfeldes verwiesen wird. Gleichzeitig warnt er den Manager der Offensivmannschaft, daß seinem Pitcher dieselbe Strafe droht, wenn er den Schlagmann anwirft.

Verletzt der Pitcher erneut diese Regel, wird er sofort des Spielfeldes verwiesen.

8.03 Aufwärmwürfe: Geht der Pitcher zu Beginn eines Innings auf seine Position, kann er nicht mehr als acht (8) Würfe zum Fänger werfen. Hierbei kann jede Liga eigene Regelungen treffen, die sich auf die Anzahl der Würfe beziehen. Die acht Pitches dürfen nicht mehr als eine Minute in Anspruch nehmen. Während dieser Zeit ist das Spiel unterbrochen. Erfordert ein unvorhergesehenes Ereignis das Auswechseln eines Pitchers, ohne daß der ins Spiel genomme Pitcher Zeit hatte, sich aufzuwärmen, kann ihm der Schiedsrichter so viele Aufwärmwürfe erlauben, wie er für richtig hält.

8.04 Sind alle Bases unbesetzt, muß der Pitcher den Ball innerhalb von 20 Sekunden zum Schlagmann werfen. Bei jeder Regelverletzung zählt der Schiedsrichter einen "Ball".
ANMERKUNG: Diese Regel soll eine unnötige Spielverzögerung verhindern. Der Schiedsrichter sollte ebenfalls den Fänger anhalten, den Ball so schnell wie möglich zurückzuwerfen und den Pitcher auffordern, sich rasch zur Pitcher's Plate zu begeben.

8.05 Bei einem oder mehreren Läufern auf den Bases wird ein Balk gezählt, wenn der Pitcher:

a) während er die Pitcher's Plate berührt, die Bewegung zum Pitchen ansetzt, sie jedoch nicht vollständig ausführt;
Schwingt der Pitcher den freien Fuß über die hintere Kante der Pitcher's Plate, muß er zum Schlagmann werfen, sofern er nicht zum Second Base werfen will.

b) während er die Pitcher's Plate berührt, einen Wurf zum First Base vortäuscht, ihn aber nicht ausführt;

c) während er die Pitcher's Plate berührt, keinen Schritt in Richtung des Bases ausführt, zu dem er werfen will;

d) während er die Pitcher's Plate berührt, einen Wurf zu einem unbesetzten Base ausführt bzw. vortäuscht, es sei denn, er beabsichtigt dort einen Spielzug auszuführen;

e) einen unerlaubten Wurf ausführt;

f) mit abgewandtem Gesicht den Ball zum Schlagmann wirft;

g) die Bewegung zum Pitchen ansetzt, ohne daß er die Pitcher's Plate berührt;

h) unnötigerweise das Spiel verzögert;

i) ohne in Ballbesitz zu sein, über der Pitcher's Plate steht oder sie berührt und einen Wurf vortäuscht;

j) während er die Pitcher's Plate berührt, und nachdem er zum vollständigen Bewegungsstillstand gekommen ist (bevor er zum Wurf ansetzt), eine Hand vom Ball entfernt;

k) während er die Pitcher's Plate berührt, absichtlich oder unabsichtlich den Ball fallen läßt;

l) während eines absichtlichen Base on Balls wirft, obwohl der Fänger nicht in der Catcher's Box steht.

m) aus der Setup Position wirft, ohne zum Bewegungsstillstand gekommen zu sein.

STRAFE: Der Ball ist tot, und jeder Läufer darf ein Base weiter vorrücken, außer wenn der Schlagmann das First Base durch einen Hit, einen Fehler, ein Base on Balls oder ähnliches erreicht.

Regelauslegung:

Begeht ein Pitcher einen Wurffehler (Balk) und überwirft, sei es zu einem Base oder zur Home Plate, erhalten alle Läufer ein Base zugesprochen, können aber auf ihr eigenes Risiko zusätzlich weiter vorrücken.

8.06 Eine Liga kann folgende Regelungen treffen, die sich auf das Beraten an der Pitcher's Plate zwischen Trainer bzw. Manager und Pitcher beziehen:

a) Diese Regelung begrenzt die Anzahl der Beratungen des Trainers bzw. Managers mit jedem Pitcher in jedem Inning, d.h., es ist nur eine Beratung innerhalb eines Innings erlaubt;

b) eine zweite Beratung mit demselben Pitcher innerhalb eines Innings bedeutet das sofortige Auswechseln des Pitchers;

c) ein Trainer bzw. Manager darf kein zweites Mal zum Schlaghügel gehen, solange der selbe Schlagmann an der Reihe ist;

d) wird allerdings ein Pinch Hitter eingesetzt, kann der Trainer bzw. Manager den Pitcher ein zweites Mal beraten, muß ihn aber dann sofort aus dem Spiel nehmen;

verläßt der Trainer bzw. Manager den 5,50 m umfassenden Kreis um die Pitcher's Plate, gilt die Beratung als beendet.

Geht der Trainer bzw. Manager zum Fänger oder zu einem Feldspieler, und dieser begibt sich daraufhin zum Pitcher oder umgekehrt, gilt dies als Beratung, sofern kein Pitch oder ein Spielzug dazwischen ausgeführt wurde.

Nimmt der Trainer einen Pitcher aus dem Spiel, und der Manager begibt sich mit dem neuen Pitcher zur Pitcher's Plate, gilt dies als Beratung mit dem eingewechselten Pitcher. Geht der Trainer bzw. Manager, nachdem ihn der Schiedsrichter darauf aufmerksam gemacht hat, daß bereits eine Beratung stattgefunden hat, ein zweites Mal im selben Inning zum selben Pitcher, während der selbe Schlagmann im Schlagraum steht, kann der Schiedsrichter den Trainer bzw. Manager vom Spielfeld verweisen. Der Pitcher bleibt dann solange im Spiel, bis der Schlagmann entweder Aus gemacht oder zum Läufer wurde.

9.00 Der Schiedsrichter

9.01

a) Der Verband hat die Aufgabe, sicherzustellen, daß jedes Meisterschaftsspiel durch einen oder mehrere Schiedsrichter geleitet wird. Die Schiedsrichter sind verantwortlich für die ordnungsgemäße Durchführung der Spiele entsprechend den Spielregeln sowie für die Disziplin und Ordnung während des Spieles.

b) Jeder Schiedsrichter ist ein Vertreter des Verbandes und hat die Aufgabe, dafür zu sorgen, daß die Spielregeln eingehalten werden und jede Regelwidrigkeit geahndet wird. Er kann ebenfalls jede auf dem Spielfeld anwesende Person warnen, daß jeder Versuch, die Spielregeln zu mißachten, bestraft wird.

c) Jeder Schiedsrichter hat die Befugnis, in Fällen, die nicht in den Spielregeln festgelegt sind, eigene Regelungen zu treffen.

d) Jeder Schiedsricher hat die Befugnis, Spieler, Manager, Trainer oder jede andere Person vom Spielfeld zu verweisen oder weitere Strafen zu verhängen, sofern sie eine Entscheidung des Schiedsrichters mißachten oder ein unsportliches Verhalten an den Tag legen. Wird ein Spieler während eines Spielzuges vom Feld verwiesen, tritt die Strafe erst nach Beendigung des Spielzuges in Kraft.

e) Der Schiedsrichter hat die Befugnis, jede Person vom Spielfeld zu verweisen:

1) Die nicht am Spiel beteiligt ist wie z.B. Fotografen, Reporter, Vereinspersonal usw.;

2) die nicht berechtigt ist, auf dem Spielfeld anwesend zu sein.

9.02

a) Jede Entscheidung eines Schiedsrichters, ob ein Pitch als "Strike" oder als "Ball" gewertet wird, ob ein Läufer „Sicher" oder „Aus" ist, ist endgültig und kann nicht angefochten werden.

Der Schiedsrichter ist angehalten, jeden Versuch eines Spielers, Trainers, Feldtrainers oder Managers zu unterbinden, Einwände gegen einen „Ball" oder "Strike" bzw. einen unterbrochenen Schlag vorzubringen. Der Betreffende wird verwarnt und bei Wiederholung vom Spielfeld verwiesen.

b) Sind berechtigte Einwände gegen eine Entscheidung eines Schiedsrichters angebracht, kann der Manager bei dem Schiedsrichter, der die falsche Entscheidung getroffen hat, Einspruch erheben und ihn bitten, sie zu berichtigen.

c) Wird gegen eine Entscheidung Einspruch erhoben, kann sich der betroffene Schiedsrichter mit seinen Kollegen beraten und daraufhin die endgültige

Entscheidung treffen. Ein Schiedsrichter sollte nie eine Entscheidung eines Kollegen öffentlich kritisieren oder anfechten.
Der Manager bzw. der Fänger kann den Hauptschiedsrichter darum bitten, daß er die Meinung seiner Feldschiedsrichter bezüglich einer Entscheidung über einen unterbrochenen Schlag einholt, sofern dieser als "Ball" bewertet wurde. Der Manager kann nicht kritisieren, daß der Schiedsrichter eine falsche Entscheidung getroffen hat, sondern nur, daß er keinen anderen Schiedsrichter um seine Meinung gebeten hat. Feldschiedsrichter sollten immer darauf vorbereitet sein, daß der Hauptschiedsrichter sie nach ihrer Meinung fragt und in der Lage sein, sofort zu antworten.

Ein Einspruch gegen die Entscheidung über einen unterbrochenen Schlag kann nur erhoben werden, wenn dieser als "Ball" bewertet wurde. Der Hauptschiedsrichter muß daraufhin die Meinung eines Bases Schiedsrichters einholen. Ist der Feldschiedsrichter der Ansicht, daß der unterbrochene Schlag ein "Strike" war, wird dieser auch als solcher gewertet.
Die Läufer müssen damit rechnen, daß der Hauptschiedsrichter seine Entscheidung über einen unterbrochenen Schlag korrigiert, und sie somit Gefahr laufen, Aus gemacht zu werden. Dies gilt ebenfalls für den Fänger, wenn eine Base Stealing Situation vorliegt. Bei einem Einspruch gegen einen unterbrochenen Schlag bleibt der Ball im Spiel.

d) Während eines Spieles kann ein Schiedsrichter nur verletzungs- oder krankheitsbedingt ausgewechselt werden.

9.03

a) Leitet nur ein Schiedsrichter das Spiel, hat er die volle Befugnis alle Entscheidungen selbst zu treffen. Er postiert sich hinter dem Fänger.

b) Sind mehrere Schiedsrichter anwesend, übernimmt einer die Funktion des Hauptschiedsrichters, die restlichen sind Feldschiedsrichter.

9.04

a) Der Hauptschiedsrichter befindet sich hinter dem Fänger. Seine Aufgaben sind:

1) Verantwortung für die ordnungsgemäße Durchführung des Spieles zu übernehmen;

2) Entscheidungen zu treffen, ob ein Wurf als "Ball" oder als "Strike" zu werten ist;

3) Entscheidungen zu treffen, ob ein Ball Foul oder Fair ist, außer in den Fällen, die üblicherweise von den Feldschiedsrichtern beurteilt werden;

4) alle den Schlagmann betreffenden Entscheidungen zu fällen;

5) alle weitere Entscheidungen zu treffen außer solchen, die den Feldschiedsrichtern vorbehalten sind;

6) zu entscheiden, wann ein Spiel abzubrechen ist;

7) vor dem Spiel die Spielzeit bzw. die Anzahl der Innings bekanntzugeben;

8) dem Official Scorer die Schlagreihenfolge sowie jede weitere Auswechslung mitzuteilen;

9) je nach Bedarf weitere Regelungen zu treffen;

b) Der Feldschiedsrichter kann seine Position so hinter dem ihm zugewiesenen Mal einnehmen, daß er seine Entscheidungen am besten treffen kann. Seine Aufgaben sind:

1) Alle Entscheidungen an den Bases zu treffen, außer denen, die dem Hauptschiedsrichter vorbehalten sind;

2) mit dem Hauptschiedsrichter übereinstimmend bei Spielunterbrechungen, Balks, unerlaubten Pitches oder Beschädigungen des Balles durch einen Spieler zu entscheiden;

3) in jeder Weise den Hauptschiedsrichter bei der Einhaltung der Spielregeln zu unterstützen. Außer der Befugnis ein Spiel abzubrechen, hat jeder Feldschiedsrichter dieselben Rechte, wie der Hauptschiedsrichter.

c) Wird ein Spielzug unterschiedlich von den anwesenden Schiedsrichtern bewertet, ruft der Hauptschiedsrichter alle Feldschiedsrichter in Abwesenheit der Spieler und Manager zu sich, um zu einer einheitlichen Entscheidung zu gelangen. Danach gibt der Hauptschiedsrichter die Entscheidung bekannt. Das Spiel wird erst dann weitergeführt, wenn diese Entscheidung getroffen wurde.

9.05

a) Der Hauptschiedsrichter muß dem Verband innerhalb von zwölf Stunden nach Spielende grobe Regelverletzungen oder erwähnenswerte Vorkommnisse wie z.B. Spielfeldverweis eines Trainers, Managers oder Spielers sowie deren Begründung mitteilen.

b) Wurde ein Spieler, Manager oder Trainer wegen eines tätlichen oder verbalen Angriffs auf einen Schiedsrichter, Trainer, Manager oder Spieler vom Spielfeld verwiesen, muß der Hauptschiedsrichter diese Vorkommnisse innerhalb von sechs Stunden nach Spielende dem Verband mitteilen.

c) Nachdem der Bericht über den Spielfeldverweis beim Verband eingegangen ist, kann dieser die Strafen verhängen, die er für erforderlich hält. Danach wird der Verein, dem die betreffende Person angehört, über die verhängte Strafe benachrichtigt.

10.00 Der Official Scorer (offizieller Spielschreiber)

10.01

a) Die Heimmannschaft hat dafür zu sorgen, daß bei jedem offiziellen Ligaspiel ein Official Scorer anwesend ist. Dieser hat die Aufgabe, alle Spielaktionen, Schiedsrichterentscheidungen usw. zu bewerten und festzuhalten.

b) 1) Damit eine einheitliche Bewertung gewährleistet ist, muß sich der Scorer streng an die Scoreregeln halten. Die Bewertung einer Spielsituation, die nicht in den Scoreregeln geklärt ist, obliegt allein dem Scorer.

2) Erfolgt ein Wechsel bevor drei Spieler Aus sind, muß der Scorer den Schiedsrichter auf das Versehen aufmerksam machen.

3) Wird gegen ein Spiel Protest eingelegt, oder wird es aufgeschoben, muß der Scorer die genaue und gesamte Spielsituation zum Zeitpunkt des Protesteinganges bzw. Spielabbruches festhalten.

4) Der Scorer darf keine Entscheidungen treffen, die nicht mit den Spielregeln bzw. mit einer Entscheidung des Schiedsrichters übereinstimmen.

5) Schlägt eine Mannschaft nicht innerhalb der Schlagreihenfolge, ist es nicht die Aufgabe des Official Scorers, den Schiedsrichter auf die Regelwidrigkeit aufmerksam zu machen.

c) Der Official Scorer ist ein Vertreter des Verbandes und muß somit mit Respekt behandelt werden.

10.02 Der Offical Scorer muß folgende Punkte festhalten:

a) Für jeden Schlagmann und jeden Läufer:

1) Wie oft ein Schlagmann geschlagen hat. Hierbei zählt nicht, wenn:
   I) Er einen Sacrifice Bunt oder Sacrifice Fly geschlagen hat;
   II) er das First Base durch ein Base on Balls zugesprochen bekam;
   III) er von einem Pitch getroffen wurde;
   IV) er das First Base wegen Behinderung zugesprochen bekam.

2) Die Anzahl der erzielten Punkte.

3) Die Anzahl der Safe Hits.

4) Die Anzahl der Run Batted In.

5) Die Anzahl der Two Base Hits.

6) Die Anzahl der Three Base Hits.

7) Die Anzahl der Home Runs.

8) Die gesamte Anzahl der Bases, die der Schlagmann durch Safe Hits erreicht hat.

9) Die Anzahl der Stolen Bases.

10) Die Anzahl der Sacrifice Bunts.

11) Die Anzahl der Sacrifice Flies.

12) Die Anzahl der Base on Balls.
13) Die Anzahl der Intentional Base on Balls.
14) Die Anzahl der Hit by Pitch.
15) Die Anzahl der durch Behinderung zugesprochenen First Bases.
16) Die Anzahl der Strikeouts.

b) Für jeden Feldspieler:
1) Die Anzahl der Putouts.
2) Die Anzahl der Assists.
3) Die Anzahl der Fehler.
4) Die Anzahl der Double Plays, sowie
5) die Anzahl der Triple Plays, an denen er beteiligt war.

c) Für jeden Pitcher:
1) Die Anzahl der gespielten Innings.

ANMERKUNG: *Jedes Aus wird als 1/3 Inning gewertet.*

2) Die Anzahl der Schlagmänner, gegen die er beim Wurf antreten mußte.
3) Die Anzahl der Schlagmänner, gegen die er beim Wurf gemäß Regel 10.02 2) 1) antreten mußte.
4) Die Anzahl der zugelassenen Hits.
5) Die Anzahl der zugelassenen Punkte.
6) Die Anzahl der zugelassenen Earned Runs.
7) Die Anzahl der zugelassenen Home Runs.
8) Die Anzahl der zugelassenen Sacrifice Hits.
9) Die Anzahl der zugelassenen Sacrifice Flies.
10) Die Anzahl der zugelassenen Base on Balls.
11) Die Anzahl der zugelassenen Intentional Base on Balls (auf einer getrennten Liste).
12) Die Anzahl der angeworfenen Schlagmänner.
13) Die Anzahl der Strikeouts.
14) Die Anzahl der Balks.

d) Zusätzlich:
1) Der Name des Pitchers, der das Spiel gewonnen hat.
2) Der Name des Pitchers, der das Spiel verloren hat.
3) Die Namen der Pitcher beider Mannschaften, die das Spiel begonnen bzw. beendet haben.
4) Der Name des Pitchers, der ein Safe erhalten hat.

e) Die Anzahl der Passed Balls (nicht gefangene Würfe) eines jeden Fängers.

f) Die Namen der Spieler, die an Double bzw. an Triple Plays beteiligt waren.

g) Die Anzahl der Läufer Left on Base beider Mannschaften. Hierzu zählt auch der Batter-Runner, dessen gültiger Schlag das dritte Aus eines Läuers zur Folge hat.

h) Die Namen der Schlagmänner, die bei komplett besetzten Bases einen Home Run geschlagen haben.
i) Die Namen der Schlagmänner, deren Schläge ein Force bzw. Reverse Force Double Play zur Folge hatten.
j) Die Namen der Läufer, die durch Caught Stealing Aus gemacht wurden.
k) Die Anzahl der Aus zum Zeitpunkt, als der spielentscheidende Punkt erzielt wurde, sofern dies in der zweiten Hälfte des letzten Innings geschah.
l) Die Anzahl der von beiden Mannschaften erzielten Punkte pro Inning.
m) Die Namen der Schiedsrichter in der Reihenfolge: 1. Plate Umpire; 2. First Base Umpire; 3. Second Base Umpire; 4. Third Base Umpire.
n) Die effektive Spielzeit.

10.03

a) Der Official Scorer muß die Namen der Spieler und deren Spielpositionen in der Schlagreihenfolge auflisten.

b) Jeder Spieler, der eingewechselt wird, muß neben dem ausgewechselten Spieler aufgelistet werden unter Angabe, in welchem Inning er eingewechselt wurde und unter Erwähnung seiner Spielposition.

Prüfung der Eintragungen auf Richtigkeit

c) Die Richtigkeit der Eintragungen ist dann gewährleistet, wenn die Anzahl der schlagenden Spieler, Bases on Balls, Hits by Pitch, Sacrifices, Bunts, Sacrifice Flies und wegen Behinderung zugesprochener First Bases gleich ist mit der Anzahl der erzielten Punkte, Spielern Left on Base der Mannschaft A und Putouts der Mannschaft B.

d) Schlägt ein Schlagmann nicht innerhalb der Reihenfolge und wird Aus gemacht, wobei der ,,richtige'' Schlagmann Aus erklärt wird (bevor ein Pitch zum darauffolgenden Schlagmann ausgeführt wird):

— erhält der ,,richtige'' Schlagmann ein At Bat. Die Assists und Putouts werden normal festgehalten.

Wird der ,,falsche'' Schlagmann zum Läufer, und der ,,richtige'' Schlagmann wird Aus erklärt:

— erhält der ,,richtige'' Schlagmann ein At Bat und der Fänger ein Putout, wobei es unmaßgeblich ist, auf welche Weise der ,,falsche'' Schlagmann das Base erreicht hat.

Schlagen mehrere Schlagmänner außerhalb der Reihenfolge, werden die Spielzüge so festgehalten, wie sie tatsächlich stattgefunden haben. Der ausgelassene Schlagmann erhält ein At Bat.

Regulär vorzeitig beendete und zum Vorteil einer Mannschaft abgebrochene Spiele

e) 1) Wird ein reguläres Spiel abgebrochen, werden alle Spielaktionen bis zum Zeitpunkt des Abbruches festgehalten (siehe Regel 4.10 und 4.11). Steht das Spiel unentschieden, wird weder ein Gewinner-, noch ein Verliererpitcher eingetragen.

2) Wird ein Spiel abgebrochen, werden alle Spielaktionen bis zum Spielabbruch festgehalten. Liegt bei Spielabbruch eine Mannschaft in Führung, werden die Gewinner- bzw. Verliererpitcher wie bei einem „normalen" Spiel eingetragen. Liegt die Mannschaft in Rückstand, bzw. steht das Spiel unentschieden, wird weder ein Gewinner-, noch ein Verliererpitcher eingetragen. Wird das Spiel abgebrochen, bevor es den Regeln entsprechend gewertet werden kann, wird überhaupt keine Eintragung vorgenommen, sondern lediglich der Grund des Abbruches vermerkt.

10.04 Run Batted In

a) Ein Schlagmann erhält ein Run Batted In (RBI):
Für jeden Punkt, der durch seinen Safe Hit, Sacrifice Bunt, Sacrifice Fly, Infield Aus oder Fielder's Choice erzielt wurde. Er erhält ebenfalls ein RBI, wenn er durch Base on Balls, Hit by Pitch oder Behinderung zum Läufer wird, und ein Punkt erzielt wird, während alle Bases besetzt sind.

1) Wenn er einen Home Run schlägt. Er erhält ebenfalls ein RBI für jeden Punkt, den ein Läufer durch ihn erzielt hat.

2) Wenn der Läufer am Third Base einen Punkt während eines Spielzuges erzielt, in dem ein Fehler gemacht wurde, vorausgesetzt er hätte diesen Punkt auch ohne den Fehler erzielt.

b) Ein Schlagmann erhält kein RBI, wenn er durch ein Force Double Play oder ein Reverse Force Double Play Aus gemacht wird.

c) Ein Schlagmann erhält kein RBI, wenn bei einem Force Double Play der Wurf zum First Base mißlingt, der sonst das Aus des Schlagmannes zur Folge gehabt hätte.

d) Ist ein Feldspieler in Ballbesitz, oder wirft er zu einem falschen Base, liegt es im Ermessen des Official Scorers, für einen Punkt, der in dieser Situation anerkannt wird, ein RBI zu geben oder nicht. Läuft der Läufer sofort, wird in der Regel ein RBI gegeben. Hält er jedoch inne und läuft erst, wenn er den Fehler bemerkt hat, wird der Punkt als Fielder's Choice gewertet.

10.05 Base Hits

Der Schlagmann erhält ein Base Hit, wenn:

a) Er das First Base oder jedes weitere Base sicher durch einen Fair Ball erreicht, der auf dem Boden liegen bleibt oder von einem Zaun aufgehalten wird, bevor er von einem Feldspieler berührt wird.

b) Er das First Base sicher durch einen Fair Ball erreicht, der so schwach oder so hart geschlagen wurde, daß er von einem Feldspieler nicht gespielt werden kann.

ANMERKUNG: *Er erhält auch ein Hit, wenn der Feldspieler zwar den Ball stoppen, jedoch nachfolgend keinen Spielzug ausführen kann, oder wenn er den Flug des Balles verändert bzw. unterbricht, der sonst ein Aus zur Folge gehabt hätte;*

c) er das First Base sicher durch einen Fair Ball erreicht, der einen unnatürlichen Sprung vollführt, so daß er vom Feldspieler nicht gespielt werden kann oder durch einen Ball, der die Pitcher's Plate bzw. ein Base berührt (einschließlich Home Base), bevor er von einem Feldspieler berührt wird und derart wegspringt, daß er nicht gespielt werden kann;

d) er das First Base sicher durch einen Fair Ball erreicht, der im Außenfeld landet, ohne daß er vorher von einem Feldspieler berührt wurde. Er erhält kein Base Hit, wenn er nach Ansicht des Schiedsrichters den Ball hätte fangen können;

e) ein Fair Ball einen Läufer oder Schiedsrichter berührt, bevor der Ball von einem Feldspieler berührt wurde. **AUSNAHME:** Der Schlagmann erhält kein Hit, wenn der Läufer Aus erklärt wird, weil er von einem Infield Fly getroffen wurde;

f) ein Feldspielder erfolglos versucht, einen zuvor laufenden Läufer Aus zu machen, wobei der Schlagmann nach Ansicht des Official Scorers auch ohne den mißlungenen Spielzug das First Base sicher erreicht hätte.

ANMERKUNG: *Bei der Anwendung dieser Regel wird im Zweifelsfall immer für den Schlagmann entschieden.*

10.06 Ein Schlagmann erhält kein Base Hit, wenn:

a) Ein Läufer bei einem Forced Play Aus gemacht wird bzw. worden wäre, und sofern kein Fehler erfolgte;

b) er offensichtlich ein Base Hit geschlagen hat, aber ein vor ihm laufender Läufer versäumt hat, das Base zu berühren, das er anlief und daraufhin durch Einspruch Aus erklärt wird. Der Schlagmann erhält nur ein At Bat;

c) der Pitcher, Fänger oder ein beliebiger Feldspieler den Ball auffängt und einen Läufer Aus macht bzw. Aus gemacht hätte (Fehler ausgenommen), der das nächste Base erreichen oder zum alten Base zurückkehren wollte. Der Schlagmann erhält nur ein At Bat;

d) der Versuch eines Feldspielers, einen Läufer Aus zu machen, mißlingt, wobei nach Ansicht des Scorers, der Batter-Runner am First Base hätte Aus gemacht werden können;

e) ein Läufer wegen Behinderung Aus erklärt wird, weil er einen Feldspieler beim Fangen des Balls behindert hat. Dies gilt nicht, wenn der Batter-Runner das First Base nach Meinung des Official Scorers auch ohne die Behinderung sicher erreicht hätte.

10.07 Bewertung von Safe Hits

Die Bewertung, ob ein Hit als One Base, Two Base, Three Base oder Home Run gilt, wird unter der Voraussetzung, daß keine Fehler bzw. *Putouts* vorliegen, wie folgt vorgenommen:

a) Gemäß den Regeln 10.07 b) und c) wird ein One Base Hit gegeben, wenn der Schlagmann am First Base stehen bleibt; ein Two Base Hit, wenn er am Second Base stehen bleibt; ein Three Base Hit, wenn er am Third Base stehen bleibt und ein Home Run, wenn er alle Bases berührt und somit einen Punkt erzielt;

b) Wenn der Schlagmann bei einem oder mehreren Läufern an den Bases durch den Safe Hit, ein oder mehrere Bases vorrückt, wobei die Defensivmannschaft versucht, einen Läufer Aus zu machen, liegt es im Ermessen des Official Scorers, dem Schlagmann ein One, Two oder Three Base Hit zuzusprechen oder zu entscheiden, ob er die Bases durch ein Fielder's Choice erreicht hat.

ANMERKUNG: *Der Schlagmann erhält kein Three Base Hit zugesprochen, wenn ein Läufer an der Home Plate Aus gemacht wird oder Aus gemacht worden wäre. Der Schlagmann erhält kein Two Base Hit zugesprochen, wenn ein Läufer vom First Base zum Third Base läuft und an diesem Aus gemacht wird oder Aus gemacht worden wäre. Abgesehen von diesen Ausnahmen, wird die Bewertung eines Base Hits nicht von der Anzahl der vorgerückten Bases eines Läufers abhängig gemacht. Ein Schlagmann kann auch ein Two Base Hit erhalten, wenn ein Läufer nur ein bzw. kein Base weiter vorrückt. Ein Schlagmann kann auch ein One Base Hit erhalten, obwohl er bis zum Second Base vorgerückt ist, und ein Läufer zwei Bases weitergelaufen ist.*

BEISPIELE:

1. Läufer am First Base. Der Schlagmann schlägt zum Rightfielder, der zum Third Base wirft, um dort den Läufer Aus zu machen. Dieses Vorhaben mißlingt jedoch. Der Schlagmann rückt bis zum Second Base vor. Er erhält nur ein One Base Hit zugesprochen.

2. Läufer am Second Base. Der Schlagmann schlägt einen Flugball. Der Läufer wartet ab, ob der Ball gefangen wird und rückt dann bis zum Third Base vor, während der Schlagmann bis zum Second Base vorrückt. Er erhält ein Two Base Hit zugesprochen.

3. Läufer am Third Base. Der Schlagmann schlägt einen hohen Fair Fly Ball. Der Läufer startet zum nächsten Base, kehrt jedoch zurück, da er glaubt, daß der Ball gefangen wird. Dieser fällt jedoch unberührt zu Boden; der Läufer kann aber keinen Punkt erzielen. Der Schlagmann erreicht das Second Base. Er erhält ein Two Base Hit zugesprochen.

c) Erreicht der Läufer das Second bzw. Third Base, indem er hineinrutscht, erhält er ein Two Base bzw. Three Base Hit zugesprochen, wenn er anschließend sicher ist. Überrutscht er das Base und wird durch Berührung Aus gemacht, erhält er nur ein Hit für das Base, das er zuletzt sicher berührt hat, d.h.: Aus am Third Base durch Berührung = Two Base Hit.

ANMERKUNG: *Überläuft der Läufer das Second bzw. Third Base und wird durch Ballberührung Aus gemacht, kann er das Base Hit für das Base erhalten, das er zuletzt berührt hat. Läuft der Schlagmann weiter zum Third Base und wird dabei durch Ballberührung Aus gemacht, erhält er ein Two Base Hit.*

d) Wird der Läufer Aus erklärt, weil er ein Base nicht berührt hat, nachdem er ein Hit geschlagen hat, ist das Base für die Bewertung entscheidend, das er zuletzt sicher berührt hat. Wird der Schlagmann Aus erklärt, weil er das Home Base nicht berührt hat, erhält er ein Three Base Hit; hat er das Third Base nicht berührt, erhält er ein Two Base Hit. Wird er Aus erklärt, weil er das First Base nicht berührt hat, erhält er nur ein At Bat zugesprochen.

e) Bekommt der Läufer ein oder mehrere Bases aufgrund der Regeln 7.05 und 7.05 a) zugesprochen, erhält er das Base Hit, das der Anzahl der zugesprochenen Bases entspricht.

Spielbeendende Hits

f) Schlägt der Schlagmann ein Hit, das das Spiel beendet, erhält er nur das Base Hit, das nötig ist, um seine Mannschaft in Führung zu bringen.

BEISPIEL: *Zweite Hälfte des neunten Innings. Die Defensivmannschaft führt mit einem Punkt. Alle Bases sind besetzt. Der Schlagmann schlägt ein Hit weit ins Außenfeld. Die Läufer am Third und Second Base erzielen einen Punkt und bringen somit ihre Mannschaft in Führung. Der Läufer am First Base kann keinen Punkt mehr erzielen, und der Schlagmann erhält ein Two Base Hit zugesprochen.*

g) Schlägt der Schlagmann ein Home Run außerhalb des Spielfeldes und beendet damit das Spiel, ist er berechtigt, diesen Punkt noch zu erzielen.

10.08 Stolen Bases (gestohlene Male)

Ein Läufer erhält ein Stolen Base für jedes Base, das er ohne Hilfe eines Hits, Putouts, Fehlers, Fielder's Choice, Passed Balls, Wild Pitchs oder Balks sicher erreicht.

a) Läuft der Läufer zum nächsten Base, bevor der Pitcher den Ball geworfen hat, und es ergibt sich aus dieser Situation ein Wild Pitch oder ein Passed Ball, erhält der Läufer ein Stolen Base, wobei der Wild Pitch bzw. Passed Ball etc. nicht gewertet wird.

AUSNAHME: Rückt der Läufer durch den Wild Pitch bzw. Passed Ball noch ein weiteres Base vor, oder kann ein anderer Läufer hierdurch ebenfalls weiterkommen, werden Stolen Base und Wild Pitch bzw. Passed Ball gewertet.

b) Läuft der Läufer zum nächsten Base und der Fänger überwirft, nachdem er den Pitch gefangen hat, erhält der Läufer ein Stolen Base zugesprochen. Der mißlungene Wurf wird nicht festgehalten, es sei denn, der Läufer kann dadurch ein weiteres Base vorrücken. In diesem Fall wird das Stolen Base festgehalten, und dem Fänger wird ein Fehler angerechnet.

c) Gerät ein Läufer in ein Rundown und erreicht trotzdem das nächste Base (jedoch nicht durch einen Fehler), erhält er ein Stolen Base zugesprochen. Kommt dadurch noch ein anderer Läufer weiter, erhalten beide ein Stolen Base. Gerät ein Läufer in ein Rundown und kann das alte Base wieder sicher erreichen (jedoch nicht durch einen Fehler), während ein anderer Läufer weiterkommt, erhält dieser ein Stolen Base zugesprochen.

d) Versuchen mehrere Läufer ein Base weiterzukommen, wobei einer von ihnen Aus gemacht wird, erhält keiner ein Stolen Base.

e) Wird der Läufer nach dem Überrutschen eines Bases Aus gemacht, während er versucht, zu diesem Base zurückzukehren oder zum nächsten Base zu laufen, so wird ihm kein Stolen Base zugesprochen.

f) Wird der Läufer an dem Base, das er erreichen wollte, sicher erklärt, weil der Feldspieler, der an diesem Base stand, den Wurf nicht richtig gefangen hat, erhält der Läufer kein Stolen Base. Der Feldspieler, der den Ball geworfen hat, erhält ein Assist, dem Feldspieler, der den Ball nicht fangen konnte, wird ein Fehler angerechnet, während dem Läufer ein Caught Stealing angerechnet wird.

g) Ein Läufer erhält kein Stolen Base, wenn er durch die Unachtsamkeit der Defensivmannschaft ein Base weiter vorrücken kann. Stattdessen erhält er ein Fielder's Choice zugesprochen.

Caught Stealing

Ein Läufer bekommt ein Caught Stealing angerechnet, wenn er Aus gemacht wird oder hätte Aus gemacht werden können:

1. Beim Versuch, ein Base zu stehlen
2. bei einem Rundown
3. weil er das Base, das er gestohlen hat, überrutscht.

ANMERKUNG: *Dem Läufer wird kein Caught Stealing angerechnet, solange die Möglichkeit besteht, ihm ein Stolen Base zuzusprechen.*

10.09 Sacrifices (Opferschlag)

a) Der Schlagmann führt, bevor zwei Spieler Aus sind, einen Sacrifice Bunt aus, wenn durch diesen Bunt ein oder mehrere Läufer vorrücken können, und er aufgrund dieser Aktion am First Base selbst Aus gemacht wird bzw. Aus gemacht worden wäre.

b) Ein Sacrifice Bunt wird gegeben, wenn, bevor zwei Spieler Aus sind, ein fehlerfrei aufgenommener Bunt-Ball von einem Feldspieler erfolglos dazu verwendet wird, einen Läufer bei dem Versuch, ein Base vorzurücken, Aus zu machen.

AUSNAHME: Mißlingt der Versuch, einen Läufer nach einem Bunt Aus zu machen, und hätte der Schlagmann das First Base trotzdem sicher erreicht, erhält er ein One Base Hit und keinen Sacrifice zugesprochen.

c) Der Schlagmann erhält keinen Sacrifice Bunt, wenn er den Bunt nach Ansicht des Official Scorers geschlagen hat, um selbst das First Base zu erreichen und nicht, um einen Läufer weiterzubringen. Der Schlagmann erhält in diesem Falle ein At Bat zugesprochen.

ANMERKUNG: *Bei der Anwendung dieser Regel wird im Zweifelsfall für den Schlagmann entschieden.*

e) Der Schlagmann erhält einen Sacrifice Fly, bevor zwei Spieler Aus sind, wenn er einen Fly Ball oder Line Drive schlägt, der von einem Außenfeldspieler gefangen wird und

1) nach dem Fangen ein Läufer einen Punkt erzielt oder

2) er den Ball fallen läßt, und ein Läufer dadurch einen Punkt erzielt, der nach Ansicht des Scorers auch ohne den Fehler erzielt worden wäre.

ANMERKUNG: *Bei der Regel 10.09 e) 2) erhält der Schlagmann auch dann einen Sacrifice Fly zugesprochen, wenn ein anderer Läufer durch ein Force Play Aus gemacht wird, da der Schlagmann zum Läufer wurde.*

10.10 Putouts

Ein Feldspieler erhält ein Putout zugesprochen, wenn er:

1) Einen Fly Ball oder Line Drive fängt, egal ob dieser Fair oder Foul war;

2) einen geworfenen Ball fängt, der das Aus eines Läufers bzw. des Schlagmannes zur Folge hat;

3) einen Läufer mit dem Ball berührt, sofern dieser nicht das Base berührt, auf das er ein Anrecht hat.

a) Der Fänger erhält automatisch ein Putout, wenn:

1) Der Schlagmann wegen unerlaubten Schlagens Aus erklärt wird;

2) der Schlagmann Aus erklärt wird, weil er den dritten "Strike" ins Foul-Territory „gebuntet" hat (siehe Ausnahmen in Regel 10.17 a) 4));

3) der Schlagmann Aus erklärt wird, weil er von dem Ball getroffen wird, den er selbst geschlagen hat;

4) der Schlagmann Aus erklärt wird, weil er den Fänger behindert hat;

5) der Schlagmann Aus erklärt wird, weil er nicht in der festgelegten Schlagreihenfolge geschlagen hat (siehe Regel 10.03 d));

6) der Schlagmann Aus erklärt wird, weil er sich weigerte, nach einem Base on Balls, das First Base zu berühren;

7) ein Läufer Aus erklärt wird, weil er sich weigerte, vom Third Base zum Home Base vorzurücken, um den siegbringenden Punkt zu erzielen.

b) Weitere automatische Putouts liegen in folgenden Situationen vor (bei diesen Spielzügen werden keine Assists erteilt, außer wenn dies gesondert vermerkt ist):

1) Wenn der Schlagmann wegen eines nicht gefangenen Infield Fly Aus erklärt wird. Das Putout erhält der Feldspieler, der nach Ansicht des Official Scorers den Ball gefangen hätte;

2) wenn ein Läufer Aus erklärt wird, weil er durch einen Fair Ball berührt wurde (einschließlich Infield Fly). Das Putout erhält der Feldspieler, der dem Ball am nächsten war;

3) wenn ein Läufer mehr als 0,90 m links oder rechts von der direkten Linie abweichend zwischen zwei Bases gelaufen ist, um einem im Ballbesitz befindlichen Feldspieler auszuweichen. Das Putout erhält der Feldspieler, der die Stelle des Überholmanövers am nächsten war;

4) wenn ein Läufer Aus erklärt wird, weil er den Läufer überholt hat, der vor ihm lief. Das Putout erhält den Feldspieler, der der Stelle des Überholmanövers am nächsten war;

5) wenn ein Läufer Aus erklärt wird, weil er die Bases in umgekehrter Reihenfolge angelaufen hat. Das Putout erhält der Feldspieler, der sich am nächsten an der Stelle befand, an der der Läufer seine Laufrichtung änderte;

6) wenn ein Läufer Aus erklärt wird, weil er einen Feldspieler behindert hat. Das Putout erhält der betreffende Feldspieler, es sei denn, er war im Begriff, den Ball zu werfen; in diesem Fall erhält er ein Assist. Das Putout erhält der Feldspieler, zu dem der Ball geworfen wurde;

7) wenn der Batter-Runner wegen einer Behinderung durch einen vor ihm laufenden Läufer Aus erklärt wird (siehe Regel 6.05 m). Das Putout erhält der First Baseman. War der betreffende Feldspieler im Begriff, den Ball zu werfen, erhält er ein Assist. Bei diesen Spielzügen in Regel 10.10 b) 6) und 7) wird immer nur ein Assist erteilt.

10.11 Assist (Unterstützung, die zu einem AUS führt)

Ein Feldspieler erhält ein Assist, wenn er einen geschlagenen oder geworfenen Ball so abgibt oder in seiner Richtung beeinflußt, daß er ein Aus zur Folge hat. Er erhält ebenfalls ein Assist, wenn er den Ball zu einem Mitspieler wirft, dieser jedoch einen Fehler begeht. Bei einem Rundown wird jedem Feldspieler immer nur ein Assist zugesprochen, es sei denn, daß danach ein Fehler begannen wird.

ANMERKUNG: *Uneffektiver Ballkontakt hat kein Assist zur Folge. Unter „in seiner Richtung beeinflußen" versteht man, daß der Ball effektiv dazu beigetragen hat, einen Läufer Aus zu machen.*

a) Ein Feldspieler erhält ein Assist für einen geworfenen oder in seiner Richtung beeinflußten Ball, der während eines Spielzuges, ein Aus durch Behinderung zur Folge hat.

b) Der Pitcher erhält kein Assist für ein Strike-Aus. **AUSNAHME:** Er erhält dann ein Assist, wenn er bei einem fallengelassenen dritte "Strike" den Ball fängt und einen Wurf ausführt, der ein Aus zur Folge hat.

c) Der Pitcher erhält kein Assist, wenn der Fänger den Pitch gefangen hat und einen Läufer am Home Base Aus macht oder dazu beiträgt, einen Läufer Aus zu machen.

d) Ein Feldspieler erhält kein Assist, wenn ein Läufer durch seinen schlechten Wurf ein Base weitervorrücken kann, auch wenn der Läufer trotzdem nachträglich noch Aus gemacht wird. Ein Spielzug, der einem mißlungenen Spielzug folgt, ist ein neuer Spielzug. Die am vorigen Spielzug Beteiligten werden im neuen nicht berücksichtigt, es sei denn, sie sind direkt daran beteiligt.

10.12 Double Plays — Triple Plays

Jeder Feldspieler ist an einem Double bzw. Triple Play beteiligt, wenn der Spielzug zwei bzw. drei Aus zur Folge hat. Dies gilt ab dem Moment, in dem der Pitch geworfen wird, bis zu dem Moment, in dem der Ball tot oder wieder beim Pitcher angelangt ist, sofern dieser auf der Pitcher's Plate steht. Hierbei darf zwischen den einzelnen Putouts kein Fehler gemacht werden. Der Feldspieler erhält, entsprechend dem Spielzug, ein Assist bzw. Putout zugesprochen.
ANMERKUNG: *Es wird ebenfalls als Double bzw. Triple Play gewertet, wenn ein zusätzliches Aus durch Einspruch gegeben wird, nachdem der Ball wieder beim Pitcher angelangt ist.*

10.13 Fehler

Ein Feldspieler bekommt einen Fehler für jedes schlechte Ballspiel angerechnet (schlechtes Auffangen, Fallenlassen des Balles, schlechtes Werfen oder Fangen), das die Schlagzeit des Schlagmannes verlängert, das „Leben" eines Läufers verlängert oder es ihm ermöglicht, ein oder mehrere Bases weitervorzurücken.

ANMERKUNGEN:

1) Zu langsames Spielen des Balles ohne fehlerhaften Bewegungsablauf wird nicht als Fehler gewertet.

2) Einem Feldspieler kann auch ein Fehler angerechnet werden, wenn er nicht in Ballkontakt kommt, so zum Beispiel wenn ihm der Ball durch die Beine rollt.

3) Geistige Fehler oder falsche Entscheidungen werden nicht als Fehler gewertet.

a) Einem Feldspieler wird ein Fehler angerechnet, wenn er einen Foul Fly Ball fallenläßt oder schlecht spielt, der die Schlagzeit des Schlagmannes verlängert, wobei es keine Rolle spielt, ob er das First Base sicher erreicht oder Aus gemacht wird.

b) Einem Feldspieler wird ein Fehler angerechnet, wenn er einen Ground Ball oder einen geworfenen Ball fängt, jedoch nicht rechtzeitig das First Base oder den Batter-Runner berührt, um ihn Aus zu machen.

c) Einem Feldspieler wird ein Fehler angerechnet, wenn er einen geworfenen Ball oder einen Ground Ball fängt, jedoch das Base bzw. den Läufer zu spät berührt.

d) 1) Ein Fehler wird jedem Feldspieler angerechnet, dessen schlechter Wurf es dem Läufer ermöglicht, das nächste Base sicher zu erreichen, wenn nach

Ansicht des Official Scorers, ein guter Wurf das Aus des Läufers zur Folge gehabt hätte. **AUSNAHME:** Es wird kein Fehler für einen schlechten Wurf angerechnet, der ein Stolen Base verhindern sollte.

2) Ein Fehler wird jedem Feldspieler angerechnet, dessen schlechter Wurf es dem Läufer ermöglicht, ein oder mehrere Bases weiterzukommen, die er bei einem guten Wurf nicht erreicht hätte.

3) Ein Fehler wird jedem Feldspieler angerechnet, wenn der Ball nach dem Wurf einen unnatürlichen Sprung macht, ein Base, die Pitcher's Plate, einen Feldspieler oder Schiedsrichter trifft, so daß der Läufer ein Base weiterkommt.

ANMERKUNG: *Diese Regel wird auch dann angewandt, wenn sie dem Feldspieler gegenüber ungerecht erscheint, dessen Wurf eigentlich gut war.*

4) Es wird nur ein Fehler für einen schlechten Wurf angerechnet. Dabei spielt es keine Rolle, wieviele Läufer weitergekommen sind, und wieviele Bases überwunden wurden.

e) Ein Fehler wird jedem Feldspieler angerechnet, der einen geworfenen Ball nicht richtig fängt, wodurch ein Läufer weiter vorrücken kann. Voraussetzung dafür ist, daß es die Aufgabe dieses Feldspielers war, den Ball zu fangen. Bei einem Wurf zum Second Base entscheidet der Scorer, wer den Ball hätte fangen sollen (Second Baseman oder Shortstop). Der Fehler wird dem entsprechenden Feldspieler angerechnet.

ANMERKUNG: *War der Wurf für keinen der beiden bestimmt, wird der Fehler dem Werfer angerechnet.*

f) Erteilt der Schiedsrichter dem Schlagmann oder mehreren Läufern aufgrund einer Behinderung durch einen Feldspieler ein Base, wird diesem nur ein Fehler angerechnet.

ANMERKUNG: *Wird die Spielsituation durch einen Fehler nicht verändert, so muß kein Fehler angerechnet werden.*

10.14 In folgenden Fällen wird kein Fehler angerechnet:

a) Nachdem der Fänger den Pitch gefangen hat und einen schlechten Wurf ausführt in der Absicht, ein Stolen Base zu verhindern. Diese Bestimmung wird aufgehoben, wenn die Läufer im Rahmen dieser Aktion noch ein zusätzliches Base weiter vorrücken konnten;

b) wenn ein Feldspieler einen schlechten Wurf zu einem Base ausführt, um einen Läufer Aus zu machen, vorausgesetzt der Läufer hätte auch dann das Base sicher erreicht, wenn der Wurf gelungen wäre. Diese Bestimmung wird aufgehoben, wenn die Läufer noch ein zusätzliches Base weiter vorrücken konnten;

c) wenn ein Feldspieler bei der Vollendung eines Double bzw. Triple Plays, einen schlechten Wurf ausführt. Ausnahme: Die Läufer konnten noch ein zusätzliches Base weiter vorrücken.

ANMERKUNG: *Der Feldspieler erhält einen Fehler angerechnet, wenn er den Ball nicht richtig fängt, sofern ein guter Wurf das Gelingen des Spielzugs bedeutet hätte. Der Werfer erhält ein Assist zugesprochen;*

d) wenn ein Feldspieler einen Ground Ball nicht richtig fängt oder einen Fly Ball bzw. einen Line Drive oder einen geworfenen Ball fallen läßt, den Ball jedoch noch rechtzeitig spielen kann, um einen Läufer Aus zu machen;

e) wenn ein Feldspieler bei weniger als zwei Aus und einem Läufer am Third Base einen Foul Fly Ball unberührt zu Boden fallen läßt, um zu verhindern, daß der Läufer einen Punkt erzielt;

f) Aufgrund der häufigen Ballberührung des Pitchers und Fängers geschieht es zwangsläufig, daß diese den Ball öfter nicht richtig fangen oder werfen. Daher werden Wild Pitches und Passed Balls nicht als Fehler angerechnet.

1) Es wird kein Fehler angerechnet, wenn der Schlagmann das First Base wegen vier "Balls" oder Hits by Pitch zugesprochen bekommt oder aufgrund eines Passed Balls oder Wild Pitchs das First Base sicher erreicht.

I) Ist der dritte "Strike" ein Wild Pitch, wobei der Schlagmann das First Base erreicht, wird ein Strikeout und ein Wild Pitch angerechnet.

II) Ist der 3. "Strike" ein Passed Ball, wobei der Schlagmann das First Base erreicht, wird ein Strikeout und ein Passed Ball angerechnet.

2) Es wird kein Fehler angerechnet, wenn ein oder mehrere Läufer durch einen Passed Ball, Wild Pitch oder Balk ein Base weiter vorrücken können.

I) Wurde ein ,,vierter'' Ball, ein Wild Pitch oder ein Passed Ball verursacht bei dem:

a) der Läufer aufgrund des "Base on Balls" zum First Base vorrücken kann,

b) ein oder mehrere Läufer durch einen Fehler zusätzlich ein Base vorrücken,

c) ein oder mehrere Läufer, die nicht gezwungen sind, vorzurücken, trotzdem weiter vorrücken,

so wird der Base on Balls, der Wild Pitch beziehungsweise der Passed Ball angerechnet.

II) Wird der Fänger nach einem Wild Pitch oder Passed Ball wiederholt angespielt, woraufhin der Batter-Runner ,,Aus'' gemacht wird, erteilt man ein Strikeout, ein Assist und ein Putout. Rückt dadurch ein Läufer weiter, wird dieses als Weiterkommen durch den zuvor beschriebenen Spielzug bewertet.

10.15 Wild Pitches — Passed Balls

a) Der Pitcher bekommt einen Wild Pitch angerechnet, wenn er einen gültig geworfenen Pitch ausführt, der so hoch, so weit oder so tief fliegt, daß der Fänger den Ball mit normalen Bemühungen nicht fangen kann, wodurch ein oder mehrere Läufer weiter vorrücken können.

1) Es wird ein Wild Pitch angerechnet, wenn der Pitch vor der Home Plate aufspringt und nicht mehr vom Fänger gefangen werden kann, wodurch ein oder mehrere Läufer vorrücken können.

b) Der Fänger bekommt einen Passed Ball angerechnet, wenn er einen Pitch nicht richtig fängt oder halten kann, der mit normalem Kraftaufwand zu halten gewesen wäre, wodurch ein oder mehrere Läufer vorrücken können.

10.16 Base on Balls

a) Der Schlagmann erhält ein Base on Balls zugesprochen, wenn ihm der Pitcher vier Pitches außerhalb der Strike Zone zugeworfen hat. Wird der Schlagmann vom vierten "Ball" getroffen, erhält er ein Hit by Pitch. Siehe auch Regel 10.18 h).

b) Ein Intentional Base on Balls wird dem Pitcher auch dann zuerkannt, wenn er den vierten "Ball" absichtlich nicht zu dem Batter innerhalb der Strikezone, sondern zu dem Catcher außerhalb der Catcher's Box wirft.

1) Weigert sich der Schlagmann, nach einem Base on Balls zum First Base zu gehen und wird Aus erklärt, erhält er kein Base on Balls, sondern nur ein At Bat zugesprochen.

10.17 Strikeouts

a) Der Pitcher erhält ein Strikeout, wenn:

1) der Schlagmann durch das dritte "Strike", den der Fänger ordnungsgemäß gefangen hat, Aus ist;

2) Der Schlagmann durch das dritte "Strike", den der Fänger nicht gefangen hat, Aus ist, sofern das First Base bei weniger als zwei Aus besetzt ist;

3) der Schlagmann wegen eines nicht gefangenen dritten "Strikes" zum Läufer wird;

4) der Schlagmann das dritte "Strike" ins Foul Territory "buntet".

AUSNAHME: Wird dieser Bunt zu einem Foul Fly Ball und von einem Feldspieler gefangen, erhält nur der Feldspieler ein Putout zugesprochen.

b) Verläßt der Schlagmann den Schlagraum mit zwei "Strikes", und der Ersatzschlagmann erhält das dritte "Strike", wird dieses Strikeout dem ausgewechselten Schlagmann angerechnet. Alles weitere wird dem eingewechselten Schlagmann angerechnet.

10.18 Earned Runs

Ein Earned Run ist ein Punkt, für den der Pitcher verantwortlich ist. Bei der Bewertung von Earned Runs wird das Inning zurückverfolgt, die Fehler, Fänger-Behinderungen und Passed Balls abgezogen, wobei im Zweifelsfall für den Pitcher entschieden wird.

a) Ein Earned Run wird jedesmal angerechnet, wenn ein Läufer das Home Base mit Hilfe eines Safe Hits, Sacrifice Bunts, Sacrifice Flys, Stolen Bases, Putouts, Fielder's Choice, Base on Balls, Hit by Pitch, Balks oder Wild Pitchs (auch ein Wild Pitch beim dritten "Strike", wodurch der Schlagmann auf das First Base kommt) erreicht, bevor die Defensivmannschaft die Möglichkeit erhält, ein Putout zu bewerkstelligen. Eine Strafe wegen Behinderung an einem Läufer wird hier als Möglichkeit zu einem Spielzug bewertet.

1) Ein Wild Pitch ist immer ein Fehler des Pitchers und wird ihm entsprechend als Earned Run angerechnet. Dies gilt auch bei einem Base on Balls oder bei einem Balk.

b) Es wird kein Earned Run angerechnet, wenn der Schlagmann das First Base erreicht:

1) Durch einen Hit, den der Schlagmann geschlagen hat, nachdem ein Foul Fly Ball nicht gefangen wurde.

2) Durch eine Behinderung oder einen Fehler eines Feldspielers.

c) Es wird kein Earned Run angerechnet, wenn ein Läufer einen Punkt durch einen Fehler erzielt, sofern er ohne den Fehler Aus gemacht worden wäre.

d) Es wird kein Earned Run angerechnet, wenn ein Läufer einen Punkt durch einen Fehler, Passed Ball oder eine Behinderung erzielt, den er ohne diesen Fehler nicht erzielt hätte.

e) Bei der Bewertung eines Earned Runs wird ein Fehler des Pitchers wie der Fehler eines Feldspielers gewertet.

f) Bei einem Fehler eines Feldspielers wird im Zweifelsfall für den Pitcher entschieden.

g) Werden die Pitcher während eines Innings ausgewechselt, wird dem eingewechselten Pitcher kein Punkt (Earned oder Unearned) angerechnet, den ein Läufer erzielt, der bereits im Spiel war (auch bei einem Fielder's Choice).

BEISPIELE:

1) P1 gibt Spieler A ein Base on Balls und wird dann durch P2 ausgewechselt. Spieler B wird Aus gemacht, wodurch Spieler A zum Second Base gelangt. Spieler C wird Aus gemacht. Spieler D schlägt ein Hit, wodurch Spieler A einen Punkt erzielt. Dieser Punkt wird P1 angerechnet.

2) P1 gibt Spieler A ein Base on Balls und wird durch P2 ausgewechselt. P2 gibt Spieler B ein Base on Balls und wird durch P3 ausgewechselt. Spieler C schlägt einen Fair Ball, wodurch Spieler A am Third Base Aus gemacht wird und Spieler B zum Second Base gelangt. Spieler D schlägt einen Fair Ball, wodurch Spieler B am Third Base Aus gemacht wird und Spieler C das Second Base erreicht. E schlägt einen Home Run. P1, P2 und P3 bekommen jeweils einen Earned Run angerechnet.

h) Ein eingewechselter Pitcher ist nicht verantwortlich für das Base on Balls, das er zum ersten Schlagmann wirft, sofern der Count eindeutig gegen ihn stand, als er ins Spiel genommen wurde.

1) Wird der Pitcher ausgewechselt bei einem Count von
2 "Balls" kein "Strike"
2 "Balls" 1 "Strike"
3 "Balls" kein "Strike"
3 "Balls" 1 "Strike"
3 "Balls" 2 "Strikes"
und der Schlagmann erhält ein Base on Balls, wird dieses dem ausgewechselten Pitcher angerechnet und nicht dem Relief Pitcher.

2) Jede andere Spielaktion, durch die der Schlagmann das First Base erreicht, wie z.B. ein Hit, Fehler, Hit by Pitch, Force Aus oder Fielder's Choice wird dem Relief Pitcher angerechnet.

ANMERKUNG: *Die Regel 10.18 h) 2) darf nicht im Widerspruch zur Regel 10.18 g) stehen.*

3) Wird der Pitcher ausgewechselt bei einem Count von
2 "Balls" 2 "Strikes"
1 "Ball" 2 "Strikes"
1 "Ball" 1 "Strike"
1 "Ball" kein "Strike"
kein "Ball" 2 "Strikes"
kein "Ball" 1 "Strike"
wird jede Spielaktion des Schlagmannes dem Relief Pitcher angerechnet.

i) Werden die Pitcher während eines Innings ausgewechselt, erhält der Relief Pitcher nicht die Möglichkeit zu einem Aus zugesprochen, die vorhanden war, als der ausgewechselte Pitcher noch im Spiel war.

ANMERKUNG: *Diese Regel soll gewährleisten, daß der Relief Pitcher die Earned Runs angerechnet bekommt, für die er auch verantwortlich ist. In manchen Fällen kann ein Earned Run, der dem Relief Pitcher angerechnet wird, der Mannschaft auch als Unearned Run angerechnet werden.*

BEISPIELE:

1) Zwei Aus, P1 gibt Spieler A ein Base on Balls. Spieler B erreicht das First Base durch einen Fehler. P1 wird durch P2 ersetzt. Spieler C schlägt ein Home Run, und es werden 3 Punkte erzielt. P1 bekommt zwei Unearned Runs angerechnet. P2 bekommt nur einen Earned Run angerechnet.

2) Zwei Aus. P1 gibt Spieler A und Spieler B ein Base on Balls. P1 wird durch P2 ersetzt. Spieler C erreicht das First Base durch einen Fehler. Spieler D schlägt ein Home Run, wodurch vier Punkte erzielt werden. P1 und P2 bekommen jeweils zwei Unearned Runs angerechnet.

10.19 Gewinnende und verlierende Pitcher

a) Der Pitcher, der bei einem Spiel zuerst im Einsatz war (Starting Pitcher), erhält ein gewonnenes Spiel angerechnet, wenn er mindestens fünf ganze Innings im Einsatz war, und zwar auch dann, wenn seine Mannschaft noch nicht in Führung lag, als er aus dem Spiel genommen wurde.

b) Die Regel „mindestens fünf Innings" gilt nur für Spiele, die aus sechs oder mehr Innings bestehen. Der Starting Pitcher erhält bei einem Spiel über fünf Innings nur dann ein gewonnenes Spiel, wenn er mindestens vier Innings im Einsatz war, auch wenn seine Mannschaft noch nicht in Führung lag, als er aus dem Spiel genommen wurde.

c) Ist es nicht möglich, dem Starting Pitcher den Sieg anzurechnen, da die Voraussetzungen der Regeln 10.19 a) und b) nicht erfüllt sind und weil mehr als ein Relief Pitcher eingesetzt wurde, kann wie folgt gewertet werden:

1) Geht die gewinnende Mannschaft in Führung, während der Starting Pitcher im Einsatz ist und behauptet diese Führung bis zum Spielende, wird dem Pitcher der Sieg zugesprochen, der nach Ansicht des Official Scorers durch das effektivste Spiel überzeugte.

2) Ein unentschiedenes Spiel wird wiederholt und somit neu bewertet.

3) Die Pitcher, die noch im Einsatz waren, als die Siegermannschaft noch im Rückstand lag, erhalten auf keinen Fall den Sieg zugesprochen. Diesen erhält der Pitcher, der sie in Führung gebracht hat.

4) Normalerweise erhält der Pitcher den Sieg zugesprochen, der seine Mannschaft in eine Führung bringt, die diese bis zum Spielende halten kann.

AUSNAHME: Wird der Pitcher nur für kurze Zeit eingesetzt und ist dabei nicht effektiv, während ein eingewechselter Pitcher die Führung bis zum Spielende behauptet, erhält dieser den Sieg zugesprochen.

d) Wird ein Pitcher während eines Innings gegen einen Pinch-Hitter oder Pinch-Runner ausgewechselt, werden alle Punkte, die in diesem Inning erzielt werden, diesem Pitcher angerechnet.

e) Ungeachtet der Anzahl der Innings, in denen der Starting Pitcher eingesetzt wurde, wird dem Pitcher die Niederlage angerechnet, der ausgewechselt wurde, als seine Mannschaft im Rückstand lag.

f) Ein Pitcher erhält ein Shutout angerechnet, wenn er während des ganzen Spiels als Pitcher im Einsatz war oder eingesetzt wurde, bevor ein Aus oder ein Punkt im ersten Inning zustande kam, und er während des ganzen Spiels keinen Punkt des Gegners zuließ.

10.20 Save für Relief Pitcher

Ein Pitcher erhält ein "Save", wenn er die folgenden drei Bedingungen erfüllt:

a) Er ist der letzte Pitcher in dem von seinem Club gewonnenen Spiel; und

b) er ist nicht der gewinnende Pitcher; und

c) eine der nachfolgenden Bedingungen trifft auf ihn zu:

1) Er greift bei einer Führung seiner Mannschaft von nicht mehr als drei Runs in das Spielgeschehen ein und bleibt mindestens ein Inning lang im Einsatz; oder

2) er greift ungeachtet des Spielstandes mit der Möglichkeit des Laufes zum Gleichstand auf einem Base, am Schlag oder im Schlagvorbereitungsraum in das Spielgeschehen ein; oder

3. er agiert über eine Dauer von mindestens drei Innings als effektiver Pitcher.

Pro Spiel kann nicht mehr als ein "Save" angerechnet werden.

10.21 Statistik

a) Um den Durchschnitt der gewonnenen und verlorenen Spiele zu ermitteln, wird die Anzahl der gewonnenen Spiele durch die Anzahl der gewonnenen und verlorenen Spiele geteilt.

b) Um den Schlagdurchschnitt (Batting Average) zu ermitteln, wird die Anzahl der Hits durch die Anzahl der At Bats geteilt.

c) Um den Schlagdurchschnitt (Slugging Average) zu ermitteln, wird die Anzahl der durch Safe Hits erreichten Bases durch die Anzahl der At Bats, gemäß der Regel 10.02 a) geteilt.

d) Um den Spielerdurchschnitt (Fielding Average) zu ermitteln, wird die Anzahl der Putouts und Assists durch die Anzahl der Putouts, Assists und Fehler geteilt.

e) Um den Earned-Run-Durchschnitt (Earned Run Average) zu ermitteln, wird die Anzahl der angerechneten Earned Runs mit 7 mulitpliziert und das Ergebnis durch die Anzahl der eingesetzten Innings geteilt.

f) Um den Durchschnitt der angelaufenen Bases zu ermitteln (On Base Percentage), wird die Anzahl der Hits, Base on Balls und Hit by Pitch durch die Anzahl der At Bat, Base on Balls, Hit by Pitch und Sacrifice Fly geteilt.

Abb. 81/82

Quellenverzeichnis

Technik und Taktik des Baseballspiels, Paula Bitsch, Diplomarbeit, Sporthochschule Köln, 1963

The Dodger Way to play Baseball, Al Campanis, Library of Congress, Los Angeles 1954

Der Baseball Schiedsrichter, Klaus ten Eicken, Abbey Publications, Brauweiler, 1987

25 Years European Amateur Baseball, Roger C. Panaye, Antwerpen, 1978

C.E.B.A. Umpires Manuel, Roger C. Panaye, Antwerpen, 1985

Baseball, Dick Siebert und Otto Vogel, Sterling Publishing Co. Inc., New York 1968

Softball, Arthur T. Noren, The Ronald Press Co., New York, 1959

La Crosse, Baseball, Damen Baseball, Rounders, Kaiserball, Kurt von Ebersbach, Grethlein & Co., Leipzig, 1902

The Baseball Encyclopedia, Macmillan Publishing Co., New York 1979